Arwed Emminghaus

Entwicklung, Krisis und Zukunft des Deutschen Zollvereins

Arwed Emminghaus

Entwicklung, Krisis und Zukunft des Deutschen Zollvereins

ISBN/EAN: 9783744667395

Hergestellt in Europa, USA, Kanada, Australien, Japan

Cover: Foto ©ninafisch / pixelio.de

Weitere Bücher finden Sie auf **www.hansebooks.com**

Entwicklung,

Krisis und Zukunft

Deutschen Zollvereins.

Von

Dr. A. Emminghaus,

Redakteur des „Bremer Handelsblattes".

Leipzig

Verlag von Georg Wigand.

1863.

Vorwort.

Eine historische und kritische Beleuchtung der wichtigsten unserer Tagesfragen in Form einer selbständigen Schrift wird keiner langen Rechtfertigung bedürfen. Eine solche Schrift trägt ihre Rechtfertigung an der Stirn; sie ist, wie Niemand leugnen wird, zeitgemäß.

Die nachfolgenden Zeilen haben die zwiefache Aufgabe: einmal, das thatsächliche Material, welches man kennen muß, um sich ein Urtheil über die Zollvereinsfrage zu bilden, auch größeren Kreisen zugänglich zu machen, und dann, für die, nach des Verfassers und seiner Gesinnungsgenossen Ansicht, wünschenswertheste Lösung dieser Frage nach Kräften mitzuwirken.

Der erste Theil dieser Aufgabe ist in neuerer Zeit mehrfach glücklich gelöst worden — dieß jedoch theils in anderer Form, theils nicht in der Vollständigkeit, welche der Verfasser angestrebt hat. Es schien demselben geboten, bis auf die Grundverträge des Zollvereins zurückzugehen, und er hielt ein näheres Eingehen auf die erste große Krisis, welche der Zollverein durchzumachen gehabt, durchaus geboten. Eine Darstellung derselben bildet eine unschätzbare Grundlage für die Erkenntniß des Wesens und der Tragweite der jetzigen Krisis.

Der andere Theil der Aufgabe ist bisher im Wesentlichen der Tagespresse überlassen gewesen. Diese wichtige Schule der öffentlichen Meinung wird ihn auch ferner nicht aus den Augen lassen. Nur verfolgt sie ihre Ziele auf ihren besonderen Wegen. Sie pflegt dabei die Unterstützung, welche ihr in Gestalt größerer selbstständiger Abhandlungen über Tagesfragen entgegengebracht wird, ebensowenig zu verschmähen, wie andererseits der Verfasser einer solchen Abhandlung es nie ungestraft würde unterlassen können, die einschlagende Tagesliteratur eifrig zu verfolgen. Beide ergänzen sich.

Möge es den nachfolgenden Zeilen vergönnt sein, zur Klärung der Sachlage und zur Herbeiführung eines glücklichen Ausganges der Krisis ein Scherflein beizutragen!

Bremen, Ende November 1862.

Der Verfasser.

I.

Die äußere Geschichte des Zollvereins bis zur gegenwärtigen Krisis.

Der Satz, welcher das eigentliche Fundament der Lehre von der Handelsfreiheit ausmacht, und welcher aller Handelspolitik zur obersten Richtschnur dienen sollte — der Satz, daß alle künstlichen Beschränkungen von Angebot und Nachfrage unberechenbar und unverhältnißmäßig ungünstig auf die Gütererzeugung, den Handel und die Güteranwendung einwirken, ist uns in Fleisch und Blut übergegangen. Weit entfernt zwar, daß er allerwärts die wünschbare Berücksichtigung in der Praxis fände, wird doch seine Stichhaltigkeit in der Theorie nirgends mehr bezweifelt, seit die Lehre des großen Briten Smith zum allgemeinen Verständniß und — man kann sagen — zur Weltherrschaft gelangt ist. Engherzigkeit und Kurzsichtigkeit versperren dieser Lehre hie und da noch den Eintritt in das Reich der vollen Verwirklichung, aber allüberall macht sich das Gefühl geltend, daß diesem Eintritt im Interesse des Völkerfriedens und des Wohlstandes der Völker nicht länger zu wehren ist.

Soweit sind wir aber noch keineswegs seit langer Zeit.

Zu Anfang dieses Jahrhunderts, und bis in die allerneueste Zeit, war Frankreich noch völlig in den Irrthümern des Merkantilsystems befangen; bis gegen die Mitte des Jahrhunderts hatte der Englische Tarif noch den Charakter ausgebildeter Absperrung, stand dort die Navigationsakte noch in vollster Blüthe. Oesterreich würde sein strenges Prohibitiv- und Schutz-System vielleicht heute noch nicht gemäßigt haben, wenn nicht politische Rücksichten eine endliche Reform desselben angerathen hätten.

In dem außeröfterreichischen Deutschland sah es im Betreff des Zollwesens zu Anfang des Jahrhunderts aber doch am allertraurigsten aus. Denn hier war auch der innere Verkehr, dieses weitaus wichtigste aller Lebenselemente des Handels, auf das Allerwidernatürlichste durch Zollschranken und Verkehrshindernisse eingeengt.

Bis 1806 war das Preußische Staatsgebiet durch nicht weniger, als einige sechzig verschiedene Zollsysteme, bezüglich Tarife und Zollordnungen, mit ebenso zahlreichen Zollschranken und Zollgrenzen zertheilt und zerrissen; ganz abgesehen davon, daß jede Stadt durch die städtische Accise vom Lande abgetrennt, der Verkehr zwischen Stadt und Land den lästigsten Plackereien und Kontrolen unterworfen war, und dabei allerorten das demoralisirende Kontrebandenwesen sein Spiel trieb. In der einen Provinz, selbst in einem Theile derselben war die Einführung von Producten und Fabrikaten erlaubt, in anderen entweder ganz verboten, oder mit schweren Tarifen belastet. Während in den westlichen Provinzen, der westphälischen Mark, in Minden, Tecklenburg und den Rheingegenden, soweit sie damals zum preußischen Staate gehörten, beinahe alle fremden Gegenstände, insbesondere auch alle englischen Fabrikwaaren, frei oder gegen mäßige Abgaben eingeführt werden durften, war für die östlichen Provinzen diesseits, oder rechts der Elbe die Steuerfreiheit einzelner Gegenstände eine besondere, seltene Ausnahme und das Prohibitivsystem die Regel.

Und ganz ähnlich war es in allen anderen deutschen Staaten. Es fällt uns schwer, uns heute noch eine Vorstellung von dem dichten Netz der Zollgrenzen, welches über Deutschland ausgespannt war, von der Mannigfaltigkeit der Zolltarife und der Grenzabgaben, von der Schwerfälligkeit der Abfertigungsformen, von dem bunten Durcheinander der Zollverordnungen und von dem Umfange, in welchem das Schmuggelgewerbe betrieben wurde, zu machen.

In Preußen waren schon früher, insbesondere aber im Jahre 1802 (Kabinetsordre Friedrich Wilhelms III. vom 21. August 1802) Versuche gemacht worden, theils mit dem Prohibitiv- und Schutzsysteme, theils mit dem System der Binnenzoll-Grenzen zu brechen.

Allein eine solche gewaltige reformatorische Maßregel konnte in jenen Zeiten der tiefsten Ohnmacht und Erniedrigung nicht durchgeführt werden. Hätte es auch der Regierung nicht an der Kraft und Energie dazu gefehlt — so hätte sie doch zu derartigen Maßregeln in den Zeiten der Bedrängniß die Ruhe kaum gefunden. Allein eben der Druck solcher Zeiten erzeugte und befestigte Reformideen, deren Verwirklichung allein die wunderbar rasche Verjüngung jenes aufs tiefste entkräfteten und ausgesogenen Staates nach den Freiheitskriegen zu danken ist.

Man kann darüber erstaunen, daß gerade in derjenigen Epoche des preußischen Staates, in welcher das Volk geistig und materiell fast erdrückt war, preußische Staatsmänner, wie Stein, Hardenberg, W. v. Humboldt, v. Schön, Graf Dohna, Altenstein u. A. die Spannkraft und den Muth bewahrten, das zerbrochene Staatswesen durch die Verwirklichung ewiger staats- und volkswirthschaftlicher Wahrheiten im Staats- und Volksleben wieder aufzurichten. Aber freilich jene Männer, Stein vor Allem, waren in einer ernsten Leidensschule zu Heroen geworden — und die Ueberzeugung mußte sich allen wahren und edlen Patrioten aufdrängen, daß nur eine Verjüngung des preußischen Staatswesens von Innen heraus, nur eine gänzliche und gründliche Umformung des ganzen Staatsbaues Staat und Volk aus seiner Verkommenheit erretten konnte.

Die preußische Gesetzgebung von 1807, 1808, 1810 und 1811 bildet die eigentliche Grundlage der geistigen und materiellen Blüthe dieses Staates, und das ganze Deutschland hat den Urhebern dieser Gesetze, welche man die Gesetzgebung der Stein-Hardenbergischen Periode nennt, unendlich viel zu verdanken. Das Ziel dieser Gesetzgebung war die Verwirklichung der folgenden Grundsätze: Gleichheit vor dem Gesetz, persönliche Freiheit, freie Benutzung und freie Verfügung des Grundeigenthümers über sein Eigenthum, Gewerbfreiheit, Aufhebung der Zwangs- und Banngerechtigkeiten und Monopolien, Tragung der Abgaben nach gleichen Grundsätzen von jedem Staatsangehörigen, Vereinfachung derselben und ihrer Erhebung, Vereinfachung und Ermäßigung insbesondere auch der Ein- und Ausgangsabgaben, der Zölle und Accisen, der Konsumtions- und Luxussteuern.

Was nun besonders die Reform des indirecten Steuerwesens anbelangt, so sind die Ziele derselben in Steins unvergeßlicher Verlassenschaft, der preußischen Regierungsinstruktion vom 26. December 1808, in großartigen Zügen klar und unzweideutig ausgesprochen. Die in dieser großartigen Urkunde niedergelegten Grundsätze über die Stellung der Staatsgewalt gegenüber der Privatthätigkeit, über die wichtigsten Maßregeln zur Beförderung des Volkswohlstandes, sind musterguültig für alle Zeiten. — In dieser Instruction, oder besser in dem Geiste, der sie dictirte, liegt der Keim zu dem großen preußisch-deutschen Handels- und Zollverein. Denn die Instruction enthält bereits die Grundzüge des Gesetzes vom 26. Mai 1818 „über den Zoll und die Verbrauchsteuern von ausländischen Waaren und über den Verkehr zwischen den Provinzen des Staates," und dieses Gesetz wurde nicht nur die Veranlassung, sondern es blieb auch im Allgemeinen die Grundlage, des zehn Jahr später (zuerst 1828) beginnenden Anschlusses und Vereines anderer deutscher Staaten mit dem preußisch-deutschen Zollverein.

Nächst der zwei Jahre später (durch die Gesetze vom 30. Mai 1820 über die Einrichtung des Abgabenwesens, Einführung der Klassen-, Mahl-, Schlacht- und Gewerbesteuer) vollständiger bewirkten einheitlichen und gleichförmigen Umformung des gesammten preußischen Steuerwesens war das Gesetz vom 26. Mai 1818 das erste und wichtigste Ergebniß des im Jahre 1817 eingeführten Staatsrathes, dessen Verhandlungen dabei W. v. Humboldt leitete. Erst dieses Gesetz vom 26. Mai 1818 erschuf aus dem, nach dem Frieden von Tilsit verstümmelten, dann aber nach dem Freiheitskriege in neuer und größerer Gestalt hergestellten preußischen Staatswesen ein wirkliches einheitliches Ganze. Aus den auf dem Wiener Congreß zum Theil neu zusammengesetzten und politisch zu einem Staate verbundenen verschiedenartigen Ländergebieten stellte erst die durch den Austausch und die Ausgleichung des Verkehrs und der Bedürfnisse befestigte wirthschaftliche und gewerbliche Zusammengehörigkeit im Bewußtsein der Bevölkerung das reale Fundament eines kräftigen Staatsorganismus her.

In diesem Gesetze und durch dasselbe ward erklärt, daß alle

fremden Erzeugniffe der Natur und Kunft im ganzen Umfange des preußischen Staates eingebracht, verbraucht und durchgeführt, daß alle inländischen Erzeugniffe der Natur und Kunft aus dem preußischen Staate ausgeführt werden könnten, baß diese gefeßlich ausgeſprochene Handelsfreiheit den Verhandlungen mit anderen Staaten zur Grund= lage dienen folle, baß Erleichterungen, welche preußischen Unterthanen in anderen Ländern zugeftanden wurden, erwidert, dagegen aber frei= lich auch Beschränkungen, wodurch der Verkehr der preußischen Unter= thanen in fremden Ländern wesentlich litte, durch angemeffene Maß= regeln vergolten werden follte.

Als Regel follte bei der Einfuhr fremder Waaren ein Zoll von $1\frac{1}{2}$ Thlr. für den Centner, und außerdem eine Verbrauchsteuer beim Verbleiben der Waaren im Inlande für Fabrik= und Manufactur= Waaren des Auslandes zu zehn vom Hundert des Werthes nach Durchschnittspreisen erhoben werden.

Man kann denken, baß die Verkündigung folcher Grundfäße in ganz Europa das größte Auffehen erregte. Sie hatte auch ihre prak= tischen Folgen. Denn in Frankreich und den Niederlanden wurde der Prohibitiv=Rigorismus einigermaßen gemildert; in England fing die Freiheitspartei an, ihre Schwingen zu regen. Hustiffon's be= rühmte Parlamentsrede vom 17. Mai 1826 war die erfte kühne That dieser aufftrebenden Partei; aber freilich dauerte es noch beinahe zwanzig Jahre, ehe England seine Korngefeße abschaffte — und erft dieses Ereigniß hat die neue, seitdem consequent verfolgte Bahn der englischen Handelspolitik eröffnet.

Die preußischen Anfänge — damals so leuchtend und hoffnung= erweckend — sind aber Anfänge geblieben. Ja, der Zollverein, der sich auf der Grundlage des preußischen Gefeßes von 1818 aufbaute, hat diese Grundlage nicht nur nicht im handelsfreiheitlichen Sinne weiter entwickelt, sondern ift sogar heutzutage schutzöllnerischer als er es in den erften Jahren seiner Exiftenz war. Wie das kommen konnte, werde ich fpäter nachzuweisen verfuchen.

Im Jahr 1819 bildete sich auf Anregung des Profeffors **Fried= rich Lift** in Tübingen, des unermüdlichen Agitators für Schaffung eines großen deutschen Zollreiches, ein füddeutscher Handelsverein.

Derselbe wandte sich in Denkschriften an sämmtliche deutsche Bundes-regierungen und an den Bundestag mit Vorschlägen zu einem großen deutschen Zollverein. Allein diese Vorschläge hatten keinen andern Erfolg, als daß mehrere mittel- und süddeutsche Regierungen 1821 in Darmstadt, 1823 in Arnstadt, 1825 in Stuttgart zusammenkamen, um sich über die zu treffenden Maßregeln zu verständigen. Eine Einigung indeß kam nicht zu Stande. Man konnte nicht über das zu wählende Zollsystem übereinkommen.

Da endlich vereinigten sich i. J. 1826 Baiern, Würtemberg und die Fürstenthümer Hohenzollern zu einem süddeutschen Zollverein. Gleichzeitig hatte Preußen mit den Herzogthümern Anhalt einen Ver-trag geschlossen wegen Anschlusses dieser Länder an den östlichen Preußischen Verband; durch Vertrag vom 8. Mai 1828 schloß sich Hessen-Darmstadt an den westlichen Verband an.

Am 24. Sept. 1828 wurde zu Kassel ein mitteldeutscher Handels-verein zwischen Sachsen, Hannover, Kurhessen, dem größten Theil der Thüringischen Länder, Braunschweig, Oldenburg, Nassau, Hessen-Homburg und Frankfurt gegründet.

Dieser Verband hatte keine lange Dauer; denn — nach kurzem Zollkriege zwischen Darmstadt und Kurhessen — löste sich letzteres vom mitteldeutschen Bund los, und vereinigte sich durch Vertrag vom 25. August 1831 mit Preußen. Endlich am 22. März 1833 kam auch eine Vereinigung des Bairisch-Würtembergischen mit dem Preu-ßisch-Hessischen Verein zu Stande; wenige Tage später trat Sachsen, und schließlich auch der inzwischen zu einem engeren Bunde vereinigte Handelsverein der acht Thüringischen Staaten hinzu.

So war denn die wesentliche Grundlage für den großen Preußisch-Deutschen Zollverein geschaffen. Der Verein umfaßte am 1. Januar 1834 ein Gebiet von 7719 Quadratmeilen mit ca. 23 Millionen Einwohnern. Noch fehlte, von den Hansestädten, den beiden Mecklen-burg, Holstein, Limburg und Luxemburg abgesehen: Hannover und Oldenburg, welche in der Folge einen besonderen Steuerverein grün-deten, Braunschweig, die beiden Lippe, Baden und Nassau.

Es wird am Platze sein, schon hier über die Grundlagen des mit dem 1. Januar 1834 zwischen den obengenannten Staaten in Kraft

getretenen Vertrags, welcher später nur in unwesentlichen Punkten
abgeändert worden ist, das Erforderliche mitzutheilen, und dann mit der
Darstellung der äußeren Geschichte des Vereins, des allmäligen Wachs=
thums desselben, der Krisen, die er zu bestehen hatte, u. s. w. fortzu=
fahren.

Nach dem Vertrage sollen in den Gebieten der kontrahirenden
Staaten übereinstimmende Gesetze über Ein=, Aus= und Durchgangs=
abgaben bestehen, jedoch mit Modificationen, welche, ohne dem
gemeinschaftlichen Zwecke Abbruch zu thun, aus den Eigenthümlich=
lichkeiten der allgemeinen Gesetzgebung eines jeden der theilnehmenden
Staaten, oder aus lokalen Interessen sich als nothwendig ergeben.
Namentlich sollen im Betreff der Ein= und Ausgangsabgaben für nicht
für den großen Handelsverkehr geeignete Gegenstände, sowie in Betreff
der Durchgangsabgaben, je nach dem Zuge der großen Transitstraßen,
gewisse Abweichungen von den allgemein angenommenen Erhe=
bungssätzen statuirt werden. Die Zollverwaltung und die Organisa=
tion der Zollbehörden soll auf gleichem Fuße eingerichtet sein; das
Zollgesetz, der Zolltarif und die Zollordnung bilden integrirende Be=
standtheile des Vertrages.

Keines dieser integrirenden Bestandtheile kann
in irgend welchem Stücke abgeändert werden ohne
gleiche Uebereinstimmung aller Kontrahenten.

Im Innern des Vereins herrscht Verkehrsfreiheit; jedoch sollen
Waaren, welche an der Außengrenze steuerpflichtig sind, auch im
Innern nur auf gewissen Zollstraßen passiren können, und müssen
dieselben an dieserhalb bestehenden Anmeldestellen angemeldet werden.

Auf den sogenannten conventionellen Strömen soll der Verkehr
möglichst frei sein, und Befreiungen, welche in dieser Beziehung der
eine Staat zu Gunsten der eignen Unterthanen eintreten läßt, sollen
auch den Angehörigen der anderen Vereinsstaaten zu Gute kommen.

Vom Tage des Inkrafttretens der gemeinschaftlichen Zollordnung
sollen alle Stapel= und Umschlagsrechte im Vereinsgebiete aufhören,
und Niemand soll zur Anhaltung, Verladung und Lagerung gezwungen
werden können, außer, wo die gemeinschaftliche Zollordnung, oder
die betreffenden gemeinschaftlichen Schiffahrts=Reglements es zulassen

ober verschreiben. Es soll ein gemeinschaftliches Zollkartell zum Schutz gegen Schmuggel und Defraudation in Kraft treten.

Bestehende Begünstigungen einzelner Meßplätze, namentlich Rabatt-Privilegien, wo sie etwa noch bestehen, sollen nicht erweitert, vielmehr ihrer baldigen gänzlichen Aufhebung entgegengeführt werden.

Die Zoll-Erhebungs- und Zollverwaltungskosten trägt jeder Staat für sich; nur für die Kosten der Bewachung der Außengrenzen und für die Kosten der Zoll-Erhebung an diesen Grenzen, werden die betreffenden Staaten durch festgesetzte Bauschquanta entschädigt.

Die Vereinsstaaten sind befugt, die Geschäftsführung der Haupt-zollämter gegenseitig zu kontroliren.

Der Zolltarif zerfällt in fünf Abtheilungen und einige Beilagen.

Die erste Abtheilung führt die Gegenstände auf, welche von jeder Verzollung frei bleiben sollen. Die Abtheilung enthält 29 Positionen. Die Zollbefreiung beschränkt sich im Wesentlichen auf gewisse Pro-dukte der Land- und Forstwirthschaft und des Bergbaues, auf ge-brauchte Gegenstände und auf den Grenzverkehr mit einigen anderen Gegenständen.

Nach der zweiten Abtheilung des Tarifs sollen alle im letzteren nicht genannten Artikel einem allgemeinen Eingangszoll von 15 Sgr. pr. Zollcentner Bruttogewicht unterliegen.

Der eigentliche Tarif enthält 43 Hauptklassen. Für 160 ver-schiedene Artikel und bezüglich Gattungen von Artikeln sind in der Einfuhr-, für 19 in der Ausfuhrverzollung besondere Zollsätze ange-geben. Der niedrigste Einfuhrzoll beträgt 7_{12} Sgr. (Heidekorn), der höchste 110 Thlr. pr. Centner (Kleider und Wäsche). Die Ausfuhr-zollsätze bewegen sich zwischen $1\frac{1}{4}$ Sgr. und 2 Thlr. — Die Ver-zollung geschieht im Wesentlichen nach dem Gewicht, nur bei einigen Gütern nach der Stückzahl.

Für den Durchfuhrverkehr (dritte Abtheilung) ist der Satz von 15 Sgr. die Regel; für Thiere variiren jedoch die Zollsätze zwischen 5 Sgr. und 1 Thlr. 10 Sgr. pr. Stück. Hinsichtlich dieser Abgaben sind auch gewiße Ausnahmen für bestimmte Staaten vereinbart.

Hinsichtlich der Schiffahrtsabgaben auf den conventionellen

Strömen soll es (nach Abtheilung 4. des Tarifs) bei den Bestimmungen der Wiener Kongreßakte bewenden.

Die fünfte Abtheilung endlich enthält allgemeine Bestimmungen über die Technik der Verzollung, insbesondere über den Begleitschein-verkehr u. s. w.

In den Beilagen sind die besonderen Abweichungen vom Tarif und der Verzollungsart aufgeführt, welche Baiern und Würtemberg zugestanden worden waren. Dieselben betreffen nur den Ein- und Ausgang von Getreide und die Holzausfuhr. —

Von der Bestimmung, daß Gegenstände, welche sich im freien Verkehre des einen Staates befinden, ohne Weiteres auch frei in das andere Gebiet eingeführt werden können, statuirt der Vertrag Ausnahmen:

a) bei den zu Staatsmonopolien gehörigen Gegenständen, insbesondere Spielkarten und Salz.

Der Salzverkehr ist an den Grenzen und im Innern des Zollvereins zu Gunsten des Salzregals mannigfach beschränkt. So ist z. B. die Einfuhr von Salz aus Nichtvereinsländern verboten, außer wo sie für eigene Rechnung einer Zollvereins-Regierung geschieht; so ist die Salzdurchfuhr nur unter Kontrole erlaubt, während die Ausfuhr in fremde Staaten frei ist; so ist ferner im Innern die Salzausfuhr aus einem in den anderen Vereinsstaat nur erlaubt, falls dies Staatsverträge zwischen den betreffenden Staaten ausdrücklich feststellen; so müssen Salzsendungen von einem Vereinsstaate in den anderen mit Pässen von öffentlichen Behörden begleitet sein; Salzbezüge eines Vereinsstaates aus dem Auslande, oder aus einem anderen Vereinsstaate können sich nur auf bestimmten Straßen bewegen und sind gewissen Kontrolen unterworfen; bei erheblichen Differenzen im Preise des Salzes in zwei angrenzenden Staaten darf an die Grenzorte des Staates, wo das Salz billiger ist, davon nicht mehr verabfolgt werden, als der genau zu ermittelnde Verbrauch beträgt.

Weiter können im Innern nicht beliebig frei ein- und ausgehen:

b) solche Gegenstände, welche einer Ausgleichungsabgabe unterworfen sind.

In Preußen waren die inneren Verbrauchsabgaben durch das

Gesetz vom 8. Febr. 1819 beschränkt worden: auf inländischen Brannt=
wein, Braumalz, Weinmost und Tabaksblätter. Diese heilsame
Beschränkung ist ohne Widerrede in die Gesetzgebungen einiger der
nach und nach dem ersten Preußischen Zollverein sich anschließenden
Staaten übergegangen; aber eine Vereinbarung über gleiche Nor=
mirung dieser Abgaben hat nicht stattgefunden. Sie sollte nach
Artikel 11. des Vertrages vom 22 März 1833 allerseits angestrebt
werden, ist aber bis heute noch nicht erfolgt: bis dies geschieht, und
also heute noch, werden „zur Vermeidung von Nachtheilen, welche für
die Produzenten des eignen Staates im Verhältniß zu den Produzenten
der andern Vereinsstaaten aus der ungleichen Besteuerung erwachsen
würden", Ergänzungs= oder Ausgleichungsabgaben von Bier, geschro=
tenem Malz, Branntwein, Tabak, Wein und Traubenmost erhoben.
Diese Abgaben wurden laut Vertrag von 1833 — auf eine spätere
Umwandlung des Systems der Uebergangsabgaben kommen wir weiter
unten zurück — nach dem Abstande der gesetzlichen Steuer im Lande
der Bestimmung von der denselben Gegenstand betreffenden Steuer
im Lande der Herkunft bemessen, und kamen daher im Verhältnisse
gegen diejenigen Vereinslande ganz in Wegfall, wo eine gleiche hohe,
oder höhere Steuer auf dasselbe Erzeugniß gelegt ist. Rückvergü=
tungen der inländischen Staatssteuern sollen nach dem Vertrage von
1833 bei der Ueberfuhr der fraglichen Gegenstände in ein anderes
Vereinsland nicht gewährt werden.

Endlich c) ist noch der Verkehr mit solchen Gegenständen nicht
nur beschränkt, sondern geradezu verboten, welche ohne Eingriff in
die von einem der Vereinsstaaten ertheilten Erfindungspatente oder
Privilegien nicht nachgemacht, oder eingeführt werden können, daher
für die Dauer der Patente und Privilegien von der Einfuhr in d e n
Staat, welcher dieselben ertheilt hat, noch ausgeschlossen bleiben
müssen.

Einige andere, den Verkehr zwischen den Vereinsstaaten betref=
fende Bestimmungen sind folgende:

1) Chaussee=, Pflaster=, Brückengelder u. s. w. sollen nur in,
den gewöhnlichen Herstellungs= und Unterhaltungskosten angemessenen,
Beträgen erhoben werden.

2) Kanal-, Schleusen-, Brücken-, Fähr-, Hafen-, Waage-, Krahn-, und Niederlage-Gebühren, sowie Leistungen für Anstalten, die zur Erleichterung des Verkehrs bestimmt sind, sollen nur bei Benutzung wirklich bestehender solcher Einrichtungen von den Benutzenden gefordert werden.

3) Die Vereinsstaaten verpflichten sich, dahin zu wirken, daß durch Annahme gleichförmiger Grundsätze die Gewerbsamkeit befördert, und der Befugniß der Unterthanen des einen Staates, in dem anderen Arbeit und Erwerb zu suchen, möglichst freier Spielraum gegeben werde. Daher sollen Arbeit- und Erwerbsuchende des einen Staates in dem anderen möglichst auf gleichem Fuße mit den eigenen Unterthanen behandelt werden.

4) Handelskonsuln des einen Staates sollen sich der Interessen der anderen, am gleichen Platze nicht vertretenen Staaten möglichst mit annehmen.

5) Die Hafenabgaben in Preußischen Häfen sollen für Angehörige anderer Vereinsstaaten nicht höher sein, als für Preußische Unterthanen. —

Nach dieser Analyse des den Verkehr zwischen den Vereinsstaaten und die allgemeinen Grundzüge der Organisation betreffenden Theiles des Vertrages mögen nun noch einige Mittheilungen folgen, einmal über die finanziellen Dispositionen des Vertrages, und sodann über die zur Entwickelung und Ueberwachung desselben niedergesetzten Organe.

Die Zollrevenüen sollen den Vereinsstaaten gemeinschaftlich zu Gute kommen; dem privativen Genusse der Vereinsstaaten sollen jedoch vorbehalten bleiben:

1) Die Steuern, welche im Innern der Staaten von inländischen Erzeugnissen erhoben werden, einschließlich der Ausgleichungsabgaben.

2) Die Wasserzölle auf den Binnenflüssen.

3) Die Chaussee-Abgaben, die Pflaster-, Damm-, Brücken-, Fähr-, Kanal-, Schleußen-, Hafengelder, die Waage- und Niederlagsgebühren u. s. w.

4) Die Zollstrafen und Konfiskate.

Der Ertrag der in die Gemeinschaft fallenden Abgaben wird, nach Abzug

1) der Erhebungs = und Verwaltungskosten; 2) der Rücker=stattung für etwaige unrichtige Erhebung; 3) der auf dem Grunde besonderer gemeinschaftlicher Verabredungen erfolgten Steuerver=gütungen und Ermäßigungen, unter den Vereinsstaaten nach dem Verhältniß ihrer Vereinsbevölke=rung vertheilt. Zur Ermittelung der Bevölkerungszahl werden alle drei Jahre Zählungen nach gleichen Grundsätzen vorgenommen.

Vergünstigungen für Gewerbtreibende hinsichtlich der Zollent=richtung können nur unter gewissen Bedingungen bewilligt werden; sie fallen der Staatskasse derjenigen Regierung zur Last, welche sie bewilligt hat. —

Anlangend nun das zur Ueberwachung und Ausbildung des Vertrags bestimmte Organ, so hat man dasselbe nicht in Form einer ständigen Behörde, sondern in der Form periodischer Konferenzen von Bevollmächtigten der Vereinsstaaten konstruirt. Solche Kon=ferenzen sollen jährlich im Juni stattfinden; der Vorsitzende, welchem nur die formelle Leitung der Geschäfte zusteht, wird aus der Mitte der Bevollmächtigten erwählt.

Zur Kompetenz der General = Konferenzen gehören folgende Gegenstände:

1) Sie haben über Beschwerden und Mängel, welche in Bezug auf die Ausführung des Grundvertrages und der besonderem Ueber=einkünfte in einem oder dem anderen Vereinsstaate geäußert und be=züglich wahrgenommen, und auf dem Korrespondenzwege nicht erledigt werden, zu verhandeln, und wo thunlich eine Verständigung herbeizu=führen;

2) Sie haben über die gemeinschaftliche Einnahme definitiv ab=zurechnen;

3) Sie haben über Wünsche und Vorschläge zur Verbesserung der Zollverwaltung zu berathen.

4) Verhandeln sie über Abänderungen in der Zollgesetzgebung und der Organisation der Verwaltung, sowie über die zweckmäßige Entwicklung und Ausbildung des gemeinsamen Zollsystems.

Bei außerordentlichen Anläſſen wird zuerſt diplomatiſche Ver-
ſtändigung zwiſchen den Vereinsregierungen verſucht, und wenn dieſe
nicht gelingt, eine außerordentliche Konferenz berufen. — Dies
die Grundzüge eines Inſtitutes, welches bisher als die
einzige kümmerliche Frucht des Einheitsſtrebens des deutſchen Volkes
betrachtet werden muß, welches zwar den troſtloſen Zuſtänden, in
denen ſich die Zollgeſetzgebung der deutſchen Staaten noch während
des ganzen erſten Drittels unſeres Jahrhunderts befand, zu einer
heilſamen Reform verhalf, auch ferner einen überaus günſtigen Einfluß auf die Entwickelung unſeres Handels und unſerer Induſtrie
ausgeübt, und was mehr ſagen will, mächtig dazu beigetragen hat,
das Einheitsgefühl des deutſchen Volkes zum Einheitsbedürfniß um-
zugeſtalten, welches aber die Keime ſeines Verfalles in ſich ſelber trug,
und wie alle Sachkundigen zugeben, in unveränderter Form nicht erneuert und fortgeführt werden darf, wenn anders nicht Stillſtand und
Rückſchritt das unvermeibliche Schickſal unſerer materiellen Verhält-
niſſe werden ſoll.

Wir behalten uns vor, auf die Kritik der Grundzüge des Zollvereins zurückzukommen, und wollen jetzt, den Faden wieder auf-
nehmend, die Entwicklungsgeſchichte des Vereins in einigen Zügen
darzuſtellen verſuchen.

Im J. 1835 ſchloſſen ſich Heſſen-Homburg, Baden und Naſſau,
1836 Frankfurt, 1842 Luxemburg dem preußiſch-deutſchen Zollvereine
an; gleichzeitig wurde der Vertrag von 1842 ab auf 12 Jahre erneuert. Schon zu deutlich hatte man gefühlt, daß in Folge der durch
die Verträge geſchaffenen Einheit der Zollgeſetzgebung und der Zolltarife, der Gleichförmigkeit der Zollverwaltung und des Zollverfahrens, der gegenſeitigen Freiheit des Verkehrs und der Gemeinſchaft
der Zolleinnahmen, die Konſumtionskraft, der Verkehr und die pro-
duktive Thätigkeit in der von den gemeinſamen Zolllinie umſchloſſenen
Gebieten einen großartigen Aufſchwung nahmen, als daß man die
Befeſtigung und Erneuerung des Vereins nicht allerſeits mit der
größten Freude hätte begrüßen ſollen.

Der Erneuerungsvertrag vom 8. Mai 1841 änderte nur in
einigen unweſentlichen Beziehungen die Grundlagen des urſprüng-

lichen Vertrages; vor Allem wurde das System der Uebergangsabgaben in diesem Vertrage modifizirt und einigermaaßen vereinfacht;
dieselben bestehen seitdem nicht mehr als „Ausgleichungsabgaben",
d. h. sie normiren sich nicht nach der Differenz des Betrages der
fremden Verbrauchssteuer von der inländischen, sondern sie werden
beim Uebergange im vollen Betrage der inländischen Steuer erhoben,
und die Ausfuhrbonifikation, früher beschränkt, wird bei diesen
Steuern jetzt zur Regel. — In demselben Maaße, in welchem die Vereinsstaaten an die
Vortheile der Zolleinigung sich gewöhnten, und derselben froh wurden,
wurde Oesterreich diese geschlossene und unter Preußischem Einflusse
erstarkende Macht unbequem. Es läßt sich erklären, daß Oesterreich
schon im J. 1833 die Gründung des Zollvereins nicht gerade gern
geschehen ließ. Allein es konnte damals sein strenges Prohibitiv- und
Schutzsystem weder aufgeben, noch Süd- und Mitteldeutschland dazu
hinüberziehen. In Süddeutschland, wo heutzutage bekanntlich der
eigentliche Heerd des Schutzzollsystems zu finden ist, fand man zur
Zeit der Gründung des Zollvereins viele Positionen des von Preußen
offerirten Tarifs viel zu hoch, und hatte damals vielmehr freihändlerische, als schutzzöllnerische Bedenken gegen den Anschluß. Auf
Süddeutschland durfte sich Oesterreich damals also keine Rechnung
machen. Ueberdieß war der Zollverein Oesterreich damals noch keineswegs so gefährlich, daß es denselben um jeden Preis zu sprengen
hätte bemüht sein müssen. Noch stand ja die Preußische Politik gänzlich unter Oesterreichischem Einflusse; noch dominirte ja Metternich un-
bestritten im „Reiche."

Dies änderte sich einigermaaßen mit dem Beginne der vierziger
Jahre, seit der Thronbesteigung Friedrich Wilhelms IV. Seit jener
Zeit fing man in Preußen an, sich von dem dominirenden Einflusse
Oesterreichs zu emanzipiren, dachte man sogar schon an eine Bundes-
reform. Das Jahr 1848 deckte die Wandlungen vollständig auf,
welche inzwischen in der deutschen Position Oesterreichs vorgegangen
waren — Wandlungen, welche einmal auf das Emancipationsstreben
Preußens, und dann auf die festere Konsolidirung des preußisch-deutschen
Zollvereins zurückzuführen sind. Allein die Gefahr der gänzlichen

Lossagung Deutschlands von dem österreichischen Einflusse war im J. 1849 schon verschwunden; der König von Preußen, der Vortheile seiner Situation nicht mächtig, wurde durch seine schwankende Politik von Frankfurt nach Erfurt, von da nach Olmütz und Dresden geführt, und mußte sich endlich dem von Oesterreich restaurirten Bundestage wieder unterwerfen.

Gerade damals stand der zweite Ablauf der Zollvereinsverträge nahe vor der Thür. Diesen Moment mußte Oesterreich benutzen, wenn es, wie unverkennbar in seiner Absicht lag, den Zollverein sprengen, oder doch den preußischen Einfluß in demselben zu nichte machen wollte. Das Wiener Kabinet hatte schon gegen Ende d. J. 1849 eine Denkschrift ausarbeiten lassen, und den verschiedenen deutschen Regierungen mitgetheilt, worin eine Reform des deutschen und österreichischen Zollwesens im Sinne des Schutzsystems zur Ermöglichung einer Zolleinigung des gesammten deutschen Bundes angerathen, und darauf gedrungen wurde, die Zollfrage als Bundesangelegenheit zu behandeln. Die Denkschrift hatte den erwünschten Erfolg nicht; man mußte dem Zollverein auf anderem Wege beizukommen suchen. Im Oktober 1850 hob Oesterreich seine sämmtlichen Binnenzölle auf; im Frühjahr 1851 publizirte es einen neuen Grenzzolltarif, der dem Zollvereinstarif in seinen Grundzügen und hingesehen auf die Höhe der Zollsätze ähnlich war. Auf dieser Grundlage glaubte es mit seinem Zolleinigungsprojekte eher durchdringen zu können. Als schon die Frage der Erneuerung der Zollvereinsverträge in Deutschland alle Gemüther bewegte, trat das Wiener Kabinet mit dem Anerbieten hervor, mit dem Zollverein vom 1. Jan. 1854 ab einen Handelsvertrag zu schließen, der den beiderseitigen Verkehr möglichst erleichtern, und die Tarifänderungen des einen Gebietes von der Einwilligung des anderen abhängig machen, und dem dann vom 1. Januar 1859 an eine völlige Zollvereinigung folgen sollte.

Das Anerbieten hatte für die Süddeutschen und für die kaum erst der Mediatisirung durch Preußen entgangenen mitteldeutschen Staaten viel Verlockendes. Am 20. April 1853 unterzeichneten Baiern, Sachsen, Würtemberg, Baden, Kurhessen, Hessen-Darmstadt,

Nassau, und Homburg zu Wien ein Protokoll, worin sie sich ver=
pflichteten, für das österreichische Projekt nach Kräften zu wirken.

Preußen kam durch dieses energische Vorschreiten Oesterreich's
und seiner Verbündeten in große Bedrängniß. Es handelte sich dabei
nicht bloß um seine bisher so günstige Stellung in Deutschland in
politischer und in staats= und volkswirthschaftlicher Beziehung. Die
zerrütteten österreichischen Finanzen, die dem Handel und der Industrie
so verderblichen Valutaschwankungen, die traditionelle Korruption der
Mauthbeamten, der nicht so leicht abzuhelfen war, machten eine Zoll=
verbindung mit Oesterreich unter allen Umständen bedenklich. Auf
der gleichen Grundlage, wie in den Zollvereinsstaaten, wo die Ver=
theilung der Zolleinkünfte nach Köpfen erfolgt, hätte sie nothwendig
enorme finanzielle Verluste nach sich gezogen; denn Oesterreich kon=
sumirt, wie seine Zolllisten ausweisen, von den einträglichsten Ein=
fuhrartikeln, wie Kaffee, Zucker und Wein, nicht halb so viel, als die
Zollvereinsstaaten. Preußen hatte in dieser Beziehung schon Süd=
deutschland große Opfer bringen müssen, das ebenfalls weniger von die=
sen Artikeln konsumirt, als Norddeutschland; doch ist hier die Differenz
bei weitem keine so übermäßige und konnte als durch andere Vortheile
der Zolleinigung ausgeglichen betrachtet werden. Am meisten aber
mußte eine Zollvereinigung mit Oesterreich darum in Preußen Beden=
ken erregen, weil durch sie ein höchst gefährliches Abhängigkeitsver=
hältniß von Oesterreich in commercieller und wirthschaftlicher Beziehung
begründet worden wäre, das nothwendig auch auf die politische Stellung
Preußen's hätte zurückwirken müssen. Um sich dem Zollverein zu nähern,
hatte Oesterreich allerdings sein Prohibitivsystem aufgegeben und ein
nahe verwandtes Schutzzollsystem angenommen; aber der Widerstand,
den Hr. von Bruck bei der Durchführung dieser Maßregeln gefunden
hatte, war ein so heftiger gewesen, und die Bedürfnisse, die Oesterreich
in dieser Beziehung hatte, wichen auch in der That so wesentlich von
denen Deutschland's ab, daß Preußen kaum hoffen durfte, für seine
Bedürfnisse noch Gehör zu finden, wenn die Vereinigung einmal
festgestellt war; es mußte vielmehr fürchten, in dem Schutzsystem,
das schon jetzt in Süddeutschland so eifrige Vertreter fand, nicht nur
festgehalten, sondern noch gesteigert zu werden. Der überseeische

Handel war in Norddeutschland in einem fortwährenden Steigen begriffen und übertraf schon damals den von ganz Frankreich; konnte man erwarten, daß dieser, der nothwendig zu einer Verminderung des Zollschutzes hindrängte, in Oesterreich, das einen so geringen überseeischen Handel hat, die gehörige Berücksichtigung finden werde? Und doch mußte naturgemäß die Oberleitung des Zollvereins Oesterreich zufallen, das mit seinen 37 Millionen Einwohnern ein natürliches Uebergewicht über die 17 Millionen Preußen's geltend machen konnte. Gewiß, es war eine sehr gefährliche Lage, in die das geschwächte und gebemüthigte Preußen durch die Pläne Oesterreichs gebracht war.

Der Gang, den die Verhandlungen in den Jahren 1852 und 1853 nahmen, verdient darum noch jetzt Beachtung, weil die gegenwärtige Konstellation eine ganz ähnliche ist, und dieselben politischen und volkswirthschaftlichen Interessen und Bestrebungen, wie damals, einander gegenüberstehen.

Wie gegenwärtig der preußisch-französische Handelsvertrag die nächste Veranlassung des Streites ist, so damals ein Vertrag, den Preußen am 7. September 1851 mit Hannover abgeschlossen hatte, und wie gegenwärtig, bedingte auch der damalige Vertrag, durch welchen sich Hannover dem Zollverein anschloß, eine Herabsetzung des Zollvereinstarifs, obschon freilich nur auf verschiedene Gegenstände der Konsumtion. Preußen wollte sich dadurch einen Verbündeten gegen die süddeutschen Bestrebungen sichern und verlangte nun vor Allem die Genehmigung dieses Vertrages, der Hannover eine Stimme bei den Zollvereinskonferenzen sichern mußte. Da die süddeutschen Staaten darauf nicht eingingen, sah sich Preußen genöthigt, den Zollvereinsvertrag für den 31. Dezember 1853 zu kündigen; doch lud es sofort die Zollvereinsstaaten zu einer Konferenz im April 1852 nach Berlin ein, um den Zollverein auf Grundlage des Septembervertrages mit Hannover, dem sich auch Oldenburg und Braunschweig anschlossen, zu erneuern. Inzwischen war aber Oesterreich mit seinen Plänen zu einem Handesvertrage mit dem Zollverein und einer späteren Zollvereinigung aller deutschen Bundesstaaten hervorgetreten, und es traten nun dieselben Staaten, die jetzt unter dem Namen der

Würzburger bekannt sind, zu denen Anfangs aber auch Baden gehörte, in Bamberg, später in Darmstadt zusammen, um sich über ihre gemeinsamen Schritte zu verständigen. Man kam überein, in Berlin darauf zu bringen, daß mit Oesterreich unter Zugrundelegung der in Wien entworfenen Verträge Unterhandlungen angeknüpft würden, und daß, so lange dies nicht geschehe, die Erneuerung und Erweiterung des Zollvereins nicht abzuschließen sei; zugleich verpflichteten sich die Verbündeten für den Fall, daß der Zollverein zerfalle, die bisherigen Zollvereinsverträge auch ferner unter sich als fortbestehend anzuerkennen und mit Oesterreich bald einen definitiven Vertrag abzuschließen, durch welchen Oesterreich die Garantie der bisherigen Zollvereinseinkünfte übernehme. Unter diesen Auspicien wurden am 19. April 1852 die Konferenzen in Berlin eröffnet. Von Seite Preußen's und seiner Verbündeten forderte man vor Allem die Aufnahme Hannover's und der andern zum sogenauten Steuerverein gehörigen Staaten, von Seite der Bamberger verwarf man die einseitige Ausdehnung des Zollvereins nach Norden und knüpfte die Erneuerung des Zollvereins an Garantieen für den Abschluß des österreichischen Vertrages. Zwar gaben die Bamberger nach langen Verhandlungen endlich insoweit nach, daß sie den Vertrag mit Hannover anzunehmen und die Verhandlungen über die österreichische Zolleinigung aufzugeben beschlossen; dagegen beharrten sie auf der sofortigen Abschließung des Handelsvertrages mit Oesterreich auf Grund des Wiener Entwurfes, und forderten, daß der Zollverein nur auf sechs, höchstens acht Jahre erneuert werde, und daß Preußen sich verpflichte, wenigstens ein Jahr vor Ablauf dieser Periode die Berathungen mit Oesterreich über die Zolleinigung zu beginnen. Auch Preußen gab nun insoweit nach, daß es den Wiener Handelsvertrag den Verhandlungen zu Grunde zu legen versprach, nur wollte es jede Hindeutung auf eine Zolleinigung ausschließen und forderte eine Erneuerung des Zollvereins auf zwölf Jahre. Als die Bamberger Coalirten das Letztere verwarfen, brach Preußen am 27. September 1852 die Verhandlungen mit ihnen ab, und schloß mit Braunschweig und den Thüringer Staaten einen Separatvertrag über die Zollvereinigung mit Hannover, dessen es übrigens, da der

König August von Hannover inzwischen gestorben, in keiner Weise
sicher war.

Inzwischen hatte sich aber in Wien viel geändert. Der ener=
gische Fürst Schwarzenberg, der es sich zur Aufgabe gesetzt hatte, das
in Olmütz gedemüthigte Preußen in den Rang eines deutschen Mittel=
staates herabzusetzen, war schon im April 1852 mitten in der Aus=
führung seiner weitgreifenden Pläne einem Schlaganfall erlegen, und
Buol=Schauenstein, der ihm als Minister der auswärtigen Angelegen=
heiten folgte, konnte ihn in keiner Weise ersetzen. Die Bamberger
Coalirten wandten sich nach dem resultatlosen Ende der Berliner
Zollkonferenzen sofort wieder nach Wien und verhandelten über die
Begründung eines süddeutschen Zollvereins und die Garantie ihrer
seitherigen Zolleinkünfte von Seite Oesterreich's. Hätte Fürst
Schwarzenberg noch gelebt, er würde kein Opfer gescheut haben, um
sie festzuhalten; das jetzige Ministerium mochte aber doch Bedenken
tragen, eine solche Garantie zu übernehmen. Schon während der
Berliner Konferenzen waren geheime Verhandlungen zwischen den
beiden Großstaaten gepflogen worden, und jetzt ging v. Bruck selbst
nach Berlin, um diese fortzusetzen. So kam denn endlich am 19.
Februar 1853 der noch jetzt in Kraft befindliche Vertrag zwischen
Oesterreich und Preußen zu Stande, durch den sich beide Staaten
zwar bedeutende Zollerleichterungen zusicherten, aber doch keine be=
stimmte Verpflichtung in Hinsicht auf eine zukünftige Zolleinigung
übernahmen. Die Bevollmächtigten der Coalitionsstaaten, denen es
wohl nie recht Ernst mit dem süddeutsch=österreichischen Zollverein
gewesen war, erklärten hierauf, daß, nachdem ihren Forderungen
Genüge geschehen, der Genehmigung des Vertrages mit Hannover
nichts mehr im Wege stehe, und am 4. April wurde der Zollverein
in Berlin auf den neuen Grundlagen für zwölf Jahre erneuert.

Nach der Darstellung dieser, für die Geschichte des Zollvereins
und für die Lösung der jetzigen Krisis überaus bedeutsamen und lehr=
reichen Vorgänge wird es am Orte sein, die beiden wichtigsten Ver=
träge der jüngsten Periode des Zollvereins, den Februarvertrag mit
Oesterreich, und den Zollvereins=Erneuerungsvertrag vom 4. April,
etwas näher zu betrachten.

2*

Nach dem Eingange des Vertrags vom 19. Februar 1853 sind die Kontrahenten beim Abschlusse desselben von dem Wunsche geleitet gewesen, den Handel uud Verkehr zwischen den beiderseitigen Gebieten durch ausgedehnte Zollbefreiungen und Zollermäßigungen, durch ver= einfachte und gleichförmige Zollbehandlung und durch erleichterte Benutzung aller Verkehrsanstalten in umfassender Weise zu fördern; auch äußern in diesem Eingange die Kontrahenten die Absicht, die „allgemeine Deutsche Zolleinigung anzubahnen.“

Nach Artikel 1. soll der gegenseitige Verkehr nicht durch Ein=, Aus= oder Durchfuhr=Verbote gehemmt werden. Solche Verbote werden nur für gewisse Artikel und nur unter gewissen Bedingungen statuirt.

Art. 2 sichert den Kontrahenten beiderseits das Recht der meist= begünstigten Nation.

Nach Art. 3 soll der Verkehr mit einer Reihe von Gegenständen ganz zollfrei, der Tarif für eine Reihe von anderen aber beiderseits vom 1. Januar 1854 ab ermäßigt werden. Im Jahr 1854 soll dann über weitere Verkehrsmaßregeln verhandelt werden.

Im Art. 4 wird ausgesprochen, daß beiderseits vorgenommene allgemeine Zollerhöhungen die Erleichterungen, welche sich die Kon= trahenten hinsichtlich ihres Verkehrs zugestanden haben, nicht tan= giren, Zollermäßigungen aber, welche der eine Kontrahent für gewisse Artikel einführt, dem andern die Befugniß geben sollen, für eben diese Artikel besondere Zwischenzölle einzuführen.

Allein — und dies muß schon hier ausdrücklich erwähnt werden — davon ist nicht die Rede, daß einer der Kontrahenten gegen Aenderungen im Tarife, welche der andere für gut findet, wirksame Einsprache erheben könne.

Die Ausgangsabgaben, (Art. 5) werden auf bestimmte, namhaft gemachte Artikel und auf gewisse vereinbarte Sätze beschränkt. Die im Zwischenverkehr zollfreien Waaren sollen, wenn sie aus dem Ge= biete des einen Theiles ohne Berührung zwischenliegenden Auslandes durchgeführt werden, auch von Durchfuhrzöllen befreit sein. Jeden= falls sollen beiderseits höhere Durchfuhrzölle, als $3\frac{1}{2}$ Sgr. pr. Zoll= centner, nicht erhoben werden.

Art. 6 stellt Zollbefreiung, für den Meß= und Veredlungsverkehr fest. Art. 7 sichert Erleichterungen in der Behandlung von, dem Begleitscheinverfahren unterliegenden, Waaren zu, während in Art. 8 die Kontrahenten sich verpflichten, ihre gegenüberliegenden Grenz= zollstätten möglichst an e in e m Orte zu vereinigen, um so den Verkehr zu vereinfachen. Die Artik. 9 und 10 enthalten Bestimmungen wegen der Behandlung derjenigen Waaren, welche in einem der beiden Ge= biete inneren Verbrauchssteuern unterliegen, wegen der gegenseitigen Unterstützung im Grenzschutz=Dienste, sowie wegen Einhaltung des gleichzeitig abgeschlossenen Zollkartells. Nach Art. 11 bis 18 incl. sichern sich die Kontrahenten in Be= treff der Stapel= und Umschlagsrechte, des See= und Flußschifffahrts= Verkehrs, des Wagen= und Eisenbahnverkehrs theils gegenseitige gleichmäßige Behandlung mit den eigenen Unterthanen, theils die Rechte der begünstigtsten Nation, theils gewisse Befreiungen und Erleichterungen zu; auch fehlt hier nicht der übliche Passus wegen der Annahme möglichst gleichförmiger Grundsätze zur Beförderung der Gewerbsamkeit. Art. 19 stellt, unter Hinweis auf die Bestim= mungen des bereits abgeschlossenen Münzkartells, (auch v. 19. Febr. 1853) weitere Unterhandlungen für das Jahr 1853 im Betreff einer allgemeinen Münzkonvention in Aussicht.

Von den übrigen Artikeln des Vertrages sind nur noch die bei= den letzten von erheblicher Bedeutung; sie lauten folgendermaßen: „Art. 25. Die Dauer dieses Vertrags wird auf zwölf Jahre, also vom 1. Jan. 1854 bis 31. Dez. 1865, festgestellt. Es werden im Jahr 1860 Kommissare der kontrahirenden Staaten zusammen= treten, um über die Zolleinigung zwischen den beiden kontra= hirenden Theilen und ihrem Zollverbande alsdann angehörigen Staaten, oder, falls eine solche Einigung noch nicht zu Stande gebracht werden könnte, über weitergehende, als die am 1. Januar 1854 eintretenden und durch die im Art. 3 er= wähnten kommissarischen Verhandlungen festzustellenden Verkehrser= leichterungen, und über möglichste Annäherung und Gleichstellung der beiderseitigen Zolltarife zu unterhandeln. Art. 26. Der Beitritt zu diesem Vertrage bleibt denjenigen deutschen Staaten vorbehalten,

welche am 1. Januar 1854 oder später zu dem Zollverein mit
Preußen gehören werden. Ebenso steht der Beitritt zu diesem Ver=
trage den jetzt, oder in Zukunft mit Oesterreich zollverbündeten italieni=
schen Staaten frei." — Diesem, wie schon oben bemerkt, zunächst nur zwischen Preußen
und Oesterreich abgeschlossenen Vertrage traten denn auch in dem Zoll=
vereinserneuerungsvertrage vom 4. April 1853 Preußens wieder= und
bezüglich neugewonnene Zollverbündeten in allen Stücken bei.

Diesen letzteren Vertrag müssen wir nun noch in aller Kürze
betrachten.

Zum Voraus sei bemerkt, daß derselbe in allen wesentlichen
Punkten mit den früheren Anschluß=Verträgen und mit dem 41er
Erneuerungsvertrage übereinstimmt; er ändert in der Organisation,
wie in den Rechten und Pflichten der Kontrahenten nichts, und selbst
der gleichzeitig eingeführte neue Tarif hat bekanntlich nur unwesent=
liche Modificationen aufzuweisen. Der Septembervertrag zwischen
Preußen und dem Steuerverein bildet selbstverständlich die Grundlage
der auf den Anschluß des Steuervereins bezüglichen Bestimmungen
des 53er Vertrages. „Der ... Steuerverein wird vom 1. Januar
1854 an mit dem zwischen den übrigen kontrahirenden Staaten er=
neuerten Zoll= und Handels=Verein verbunden, dergestalt, daß beide
Vereine für die Dauer der in Art. 1 erwähnten Vertragsperiode einen
durch ein gemeinsames Zoll= und Handelssystem verbundenen und
alle darin begriffenen Länder umfassenden Gesammtverein bilden."

Anders, als in den früheren Verträgen, gestaltet sich hier nur
im Betreff Hannovers und Oldenburgs das Verhältniß der Ver=
theilung der in die Gemeinschaft fallenden Abgaben.

Der Grundsatz der Vertheilung des Netto=Ertrags war bisher
mit einer einzigen Ausnahme (Frankfurt erhält seit seinem Beitritte
ein Aversum und hat die Kosten selbst zu tragen) in den Zollvereins=
Verträgen festgehalten worden. Im Vertrag von 1853 tritt an dessen
Stelle allgemein der Grundsatz der Vertheilung des Brutto=
Ertrages, und zwar soll der von dem Brutto=Ertrag der Ein=,
Aus= und Durchgangsabgaben und der Rübenzuckersteuer nach dem
Verhältnisse der dem Verein angehörenden Bevölkerung auf das

Königreich Hannover und das Großherzogthum Oldenburg fallende Antheil um drei Viertheile seines Betrags vermehrt und vorabgenommen, die gemeinschaftlichen Verwaltungskosten aber nach dem einfachen arithmetischen Verhältnisse der Bevölkerung von Hannover und Oldenburg zur Gesammtbevölkerung des Vereins vertheilt werden. Das in dieser Weise festgestellte Präzipuum soll jedoch, was die Eingangs-Abgaben und die Rübensteuer anlangt, den Betrag von zwanzig Silbergroschen für jeden Einwohner der begünstigten beiden Staaten nicht übersteigen.

Abgesehen von handelspolitischen Gründen, welche Preußen bewogen haben mögen, dem Steuerverein im Septembervertrage solche Zugeständnisse zu machen, sprach für eine solche ausnahmsweise Begünstigung wohl hauptsächlich der Umstand mit, daß an solchen Artikeln, welche, wie Branntwein, Kaffee, Reis, Südfrüchte aller Art, Tabaksblätter, Thee, Wein, Zucker und Syrup, den größten Theil der Zolleinnahmen ausmachen, im Steuerverein nachweislich ein viel größerer Verbrauch stattfand, als im Zollverein. Sehr beträchtlich ist der Unterschied namentlich bei Tabaksblättern und Stengeln, bei Wein, Zucker und Syrup.

Neben diesen Bestimmungen enthält der Vertrag nebst Separatartikeln erklärlicher Weise noch manche andere durch den Anschluß des Steuervereins veranlaßte neue Bestimmung, aber keine Neuerung von irgend erheblicher Bedeutung.

Mit dem Abschluß des Vertrages war eine der gefährlichsten Krisen des Zollvereins überwunden, eine der schlimmsten Gefahren, von denen seine Existenz bis dahin bedroht gewesen war, glücklich überstanden. Der Verein ward auf zwölf weitere Jahre, vom 1. Jan. 1854 ab, erneuert.

Es ist interessant und für die Beurtheilung der jetzigen Zollvereinskrisis besonders lehrreich, aus der Tages- und sonstigen den Gegenstand behandelnden Literatur aus dem Ende der vierziger und dem Anfang der fünfziger Jahre zu entnehmen, daß, so tief auch die Spaltung war, welche Oesterreich unter den Zollvereinsstaaten hervorgerufen hatte, doch schon damals Niemand ernstlich an ein Nichtwiederzustandekommen der Zollverträge glauben mochte. Schon damals also wurde die Erhaltung ter durch den Zollverein geschaffenen materiellen Gemeinschaft zwischen den Vereinsstaaten als eine nothwendige Bedingung der materiellen Wohlfahrt des deutschen Volkes betrachtet: schon damals war das wirthschaftliche Interesse an der Erhaltung jener Gemeinschaft so tief in alle Schichten des Volkes eingedrungen, daß es den Künsten der Diplomatie nicht gelang, um dynastischer Zwecke willen diese feste Burg zu zerstören. Sollten weitere zwölf Jahre innigster wirthschaft= licher Gemeinschaft die große Vereinigung nicht noch viel widerstands= fähiger gemacht haben? wächst nicht das Bedürfniß nach Forterhaltung derselben mit jeder Begründung einer neuen wirthschaftlichen Existenz, bei der auf die bestehende Verkehrsfreiheit unbedingt gerechnet wurde? Und wie viele solche Existenzen werden innerhalb eines Zeitraumes von zwölf Jahren begründet, eines Zeitraumes überdies, welcher sich durch das Aufblühen des Handels und der Industrie wie kaum eine andere Periode zuvor auszeichnet!

Es sind nur wenige Momente, welche wir hinzuzufügen haben, um das Bild der äußeren Entwickelung des Zollvereins bis auf unsere Tage zu vollenden.

Zunächst bedarf es hier einer etwas eingehenderen Erwähnung der Verträge, welche Preußen, Hannover und Kurhessen im Namen und Auftrage des Zollvereins mit der freien Hansestadt Bremen wegen Beförderung der gegenseitigen Verkehrsverhältnisse, und im Namen der Weseruferstaaten wegen Suspension der Weserzölle, am 26. Januar 1856 abgeschlossen hat.

Diese Verträge und bezüglich Uebereinkünfte, durch welche Bremen den Charakter eines „Zollvereins = Mitgliedes" (im Gegensatz zu den Zollvereins = Gliedern) gewonnen hat, sind folgende:

1) Der Vertrag zur Beförderung der gegenseitigen Verkehrsver= hältnisse.

2) Anlage I. zu vorstehendem Vertrage, enthaltend die Ueberein= kunft wegen Unterdrückung des Schleichhandels.

3) Anlage II. zu demselben Vertrage, enthaltend die Ueberein= kunft wegen Errichtung eines Zollvereinsländischen = Hauptzollamtes und einer Niederlage für Zollvereinsgüter in Bremen.

4) Anlage III. zu demselben Vertrage, enthaltend die Ueberein=

kunft wegen des Anschlusses bremischer Gebietstheile an den Zollverein.

5) Anlage IV. zu demselben Vertrage, enthaltend die Uebereinkunft wegen der Besteuerung innerer Erzeugnisse in den nach der Uebereinkunft III. dem Zollverein angeschlossenen brem. Gebietstheilen.

6) Der Vertrag, betreffend die Suspension der Weserzölle. Das Verhältniß, in welches Bremen durch Abschluß des Vertrages sub. 1 und der Uebereinkünfte sub. 2 und 3 zum Zollverein tritt, wird man füglich als das Verhältniß eines Freihafens bezeichnen können.

Das erheblichste Bedenken, welches vom Standpunkte des Zollvereins aus gegen die Fortdauer der Freihafens-Qualität geltend zu machen war, und welches dem Wunsche, Bremen dem Vereine gänzlich beitreten zu sehen, Nahrung geben konnte, bestand in der Schwierigkeit der Grenzbewachung und dem dadurch bedrohten Interesse des Zollfiskus. Es ist nicht zu leugnen, daß ein wirksamer Grenzschutz längs des bremischen Gebiets und besonders längs des Weserstromes ganz erhebliche Hindernisse darbietet. Zufolge der Uebereinkunft sub. 4. oben verleibt nun Bremen zur besseren Abrundung der Grenzen, nicht nur einzelne Theile seines Gebietes dem Zollvereine ein, sondern es verpflichtet sich auch in der Uebereinkunft sub. 2 oben, direkt mit zur Verhinderung von Uebertretungen der Zollvereinsgesetze zu wirken, indem es dieselben zu in Bremen strafbaren Handlungen stempelt und zur Unterdrückung des Schleichhandels den Zollbeamten die wirksamste Hülfe bietet. Nachdem ferner Bremen schon früher dem Zollverein Zugeständnisse gemacht hatte, in deren Folge dieser die Weser in ihrem oberen Laufe als Zollvereinsland behandeln, d. h. die Zollbarrière an die bremische Grenze verlegen und die passirenden Schiffe hier zur zollamtlichen Behandlung nöthigen darf, werden dem Zollverein jetzt neue Konzessionen hinsichtlich des Schiffahrtsverkehrs auf der Unterweser eingeräumt, welche darauf hinauslaufen, durch den amtlichen Verschluß der zwischen Bremen und Bremerhafen verkehrenden Fahrzeuge die Einschwärzung von Waaren in den Zollverein zu verhindern.

Nach Art. 1—3 des Vertrages sub. 1 oben wird von jedem

der Paciszenten den Fluß= und Seeschiffen des Anderen vollkommene Gleichberechtigung mit den nationalen Fahrzeugen, auch hinsichtlich der Küstenschifffahrt, zugesagt.

Nach Art. 4 dürfen hinsichtlich des Betrags, der Sicherung und der Erhebung der Ein=, Aus= und Durchfuhrabgaben in keinem der kon= trahirenden Staaten .

1) Erzeugnisse des Gebietes des anderen kontrahirenden Theiles ungünstiger als gleichartige Erzeugnisse eines außerdeutschen Staa= tes, 2) Waaren, welche aus dem Gebiete des anderen kontrahirenden Theiles ein= oder durchgeführt werden, ungünstiger als beim unmittel= baren Eingang vom Auslande (mit Ausnahme direkt importirten Wei= nes), 3) Ausfuhrgegenstände, beim Ausgang nach dem Gebiete des anderen kontrahirenden Theils ungünstiger als beim unmittelbaren Ausgange nach dem Auslande, behandelt werden.

Da ferner die Stadt Bremen für manche besonders namhaft gemachte Gegenstände, welche fast nur aus dem Zollverein dahin ge= langen, den Hauptmarkt für die zollvereinsländische Unterwesergegend bildet, so hat man festgesetzt, daß derartige Gegenstände vom bremischen Gebiete aus — jedoch mit Ausnahme von Bremerhafen und Vegesack — zollfrei in den Zollverein eingehen können.

Nach Art. 7 nebst Anl. II. (vergl. Uebereinkunft sub. Nr. 3. oben) soll in Bremen eine Zollvereins=Niederlage, unter Aufsicht der Zollvereinsbehörde, jedoch unter bremischer Verwaltung, errichtet werden, in welcher Erzeugnisse des Zollvereins, sowie in demselben verzollte fremde Waaren gelagert, behandelt, umgepackt, getheilt, und, wenn sie unverkauft bleiben, zollfrei in den Zollverein zurückgebracht werden können. Hiermit ist ein Entrepôt zollvereinsländischer Waaren im Zollvereinsauslande geschaffen, welches dem großen hanseatischen Handelsplatz einen permanenten Markt von Zollvereinsgütern in nächster Nähe eröffnet, und dem Zollvereins=Produzenten gestattet, diesen Markt ungestraft zu versuchen. Der Gedanke einer solchen Schöpfung ist ebenso neu *) als fruchtbringend, und hat sich bekanntlich schon vielfach bewährt.

----

*) Diese Schöpfung ist dem derzeitigen Bürgermeister von Bremen Dr. Arnold Duckwitz zu verdanken, welcher bereits 1847 in seiner bekannten Brochüre: „Der

Sodann wurde vereinbart (vergl. Art. 6 b. Vertr. sub. 1 oben und die Uebereinkunft Anlage II. sub. Nr. 3 oben), daß in der Stadt Bremen für den Verkehr vermittelst der Eisenbahn und der Weser ein zollvereinsländisches Hauptzollamt errichtet (beziehungsweise beibehalten) werde. Dieser vorgeschobene Posten ist für den Zollverein ein wirksames Mittel, sich gegen Zollunterschlagungen zu schützen; nicht minder aber bietet er dem Publikum sehr wesentliche Vortheile. Das Hauptzollamt darf den baaren Zollbetrag erheben 1) von Effekten, welche Reisende auf der Eisenbahn und auf Dampfschiffen mit sich führen, 2) ohne Einschränkung auf eine Summe von Gütern, welche im Tarif nur mit dem allgemeinen Eingangszoll (15 Sgr. per Ctr.) belegt sind, 3) bis zum Betrage von 10 Thlr. von Postsendungen 4) den Durchgangszoll 5) den etwaigen Ausgangszoll von den in der H. B. Niederlage deponirten Waaren. In allen übrigen Fällen muß das Publikum bei der Abfertigung auf Begleitschein sich begnügen — eine Maaßregel, die nicht gerechtfertigt erscheint, und fortwährend zu Beschwerden Anlaß giebt. Abgesehen von diesem Punkte sind die Befugnisse des Hauptzollamtes liberal bemessen. Dasselbe ist, außer zur Ablassung zollfreier Gegenstände in den freien Verkehr, befugt zur Ausfertigung von Begleitscheinen I., sowie Ansagezetteln, und zur Ausfertigung von Begleitscheinen II., ferner zur Ausfertigung und Erledigung von Declarationsscheinen für den Verkehr mittelst Berührung des Auslandes.

Art. 9 des Vertrags (sub. 1 oben) befreit Geschäftsreisende des einen Staates von der Entrichtung besonderer Abgaben in dem Gebiete des anderen.

Durch Art. 11 — 13 das. endlich wird der gegenseitige Verkehr auf Messen und Jahrmärkten zu erleichtern beabsichtigt.

In dem Vertrage, welchen Preußen, Hannover und Kurhessen in ihrem und im Namen der übrigen Weserstaaten wegen Suspendirung der Weserzölle schlossen, (vergl. Nr. 6 oben) wird einer dringenden, uns seit dem Entstehen der Eisenbahn = Konkurrenz unumgäng-

---

deutsche Handels= und Schifffahrtsbund'' (S. 108) dieses Entrepot=System empfahl.

lichen Forderung des Weserhandels Rechnung getragen. Die Bewoh-
ner der Uferstaaten haben diese Erleichterung, man kann sagen Reha-
bilitirung, des Weserhandels unzweifelhaft Bremen zu danken, welches die Beseitigung der Weserzölle zu einer conditio sine qua non
der übrigen Vertragsbestimmungen gemacht hat.

Zugleich gestanden sich Hannover und Oldenburg einer- und Bremen andererseits auf einzelnen kurzen Straßenstrecken eine bedeutende
Herabsetzung der Durchgangsabgaben zu.

Die sämmtlichen Verträge und Uebereinkünfte, deren wesentlichen
Inhalt wir im Vorstehenden in der Kürze mitgetheilt haben, sind bis
zum 31. Dez. 1865, bezügl. wenn zwei Jahre vorher keine Kündigung
erfolgt, auf zwölf weitere Jahre u. s. f., abgeschlossen. Dies ist die
rechtliche Dauer derselben, allein die Natur der geschaffenen Erleichterungen, die großen Kosten, welche mit der Herstellung der dazu die-
nenden Vorrichtungen verbunden sind, lassen es deutlich als die Absicht der Vertragschließenden erkennen, daß das damals angeknüpfte
Verhältniß in Zukunft nicht wieder gelockert und ebensowenig, so lange
die innere Organisation des Zollvereins sich nicht wesentlich verän-
dert, zu einem gänzlichen Anschluß Bremens an denselben zusammen-
gezogen werden soll. —

Die eben noch laufende Periode der Zollvereinsverträge ist bis jetzt
nicht reich gewesen an äußeren Daten für die Geschichte dieses Institutes; aber, wenn man von den Zollanschüssen absieht, welche in den
beiden ersten Perioden (1833—41 und 1842—53) die Hauptereig-
nisse bilden, doch die ereignißvollste. Denn neben der ebengedachten
erfolgreichen Verbindung, welche der Zollverein im Jahre 1856 mit
Bremen anknüpfte, hat er sich auch wenige Jahre später von einem
der unseligsten Mängel befreit, welche ihm anhafteten; spät, aber endlich doch haben die Zollvereinsregierungen den von allerwärts verlaut-
barten, durch alle hervorragenden Organe der öffentlichen Meinung
in Deutschland Jahre hindurch konsequent wiederholten Beschwerden
über die großartigen Nachtheile, welche dem deutschen Verkehrsleben
durch die D u r c h f u h r z ö l l e verursacht werden, Gehör gegeben.

Am Schlusse des Jahres 1860 vereinigte man sich in Folge der
auf der Karlsruher Konferenz der Rheinuferstaaten gefaßten Beschlüsse

darüber, daß die **Durchgangsabgaben** im Zollverein und die an Stelle derselben zur Erhebung gelangenden Ausgangszölle vom 1. März 1861 ab beseitigt werden sollten.

Von dem gedachten Tage an sind also alle, die Durchfuhrzölle betreffenden Bestimmungen der Zollvereinsverträge außer Kraft gesetzt, und kennt der Tarif des Zollvereins nur noch Ein= und Ausfuhrzölle. Das Inslebentreten dieses folgenreichen Beschlusses ist das letzte eigentliche Ereigniß in der Geschichte des Zollvereins, wenn man von den Anfängen der gegenwärtigen Krisis, welcher wir einen besonderen Abschnitt dieser Abhandlung zu widmen gedenken, absieht.

Bevor wir jedoch zu Weiterem übergehen, möge noch folgende Uebersicht des räumlichen Wachsthums des Vereines an dieser Stelle Platz finden.

Der Verein umfaßte, wie schon an anderer Stelle angeführt:

am 1. Jan. 1834: 7719   Quadratmeilen mit 23,478,120 Einwohnern.
„ 31. Dez. 1856: 9045³⁄₁   „   „   32,721,094   „
„ 1. Jan. 1862: 9045³⁄₄   „   „   33,460,754   „

Die dem Vereine angehörigen Staaten werden unterschieden als **unmittelbare** und **mittelbare** Vereinsmitglieder, oder schlecht=weg als **Mitglieder** und **Glieder** des Zollvereins. Unmittelbare Mitglieder, oder schlechtweg Mitglieder des Vereins sind heutzutage: Preußen, Bayern, Sachsen, Hannover, Würtemberg, Baden, Kurhes=sen, Großherzogthum Hessen, die Staaten des Thüringenschen Zoll= und Handelsvereins (in ihrer Gesammtheit), Braunschweig, Oldenburg und (jedoch hinsichtlich des Stimmrechtes beschränkt) Frankfurt a/M. Diese Staaten gehören selbständig dem Verein an, führen in demselben selbständig in Gemäßheit der mit den übrigen Vereinsgliedern getrof=fenen Vereinbarungen die Verwaltung, konferiren miteinander, fassen Beschlüsse miteinander, und haben bei den Verhandlungen über Zoll= und Handelsverträge mit anderen Staaten unmittelbar oder mittelbar zu konkurriren. Die mittelbaren Mitglieder, oder die Glieder des Vereins, zu denen außer der Mehrzahl der Mitglieder (welche in Be=treff gewisser Gebietstheile nur Glieder des Vereins sind), noch Hes=sen=Homburg, Waldeck und Pyrmont, die Herzogthümer Anhalt, die Fürstenthümer Lippe und Luxemburg als Staaten, welche mit ihrem ganzen Gebiete im Verein stehen, ferner Mecklenburg-Schwerin und Bremen gehören, sind theils mit dem ganzen Gebiete, theils mit einzelnen Gebietstheilen je einem der Vereinsmitglieder speziell und nur mittelst desselben dem Gesammtvereine angeschlossen, und haben sich in allen den Verein betreffenden Angelegenheiten durch dieses Mitglied vertreten zu lassen.

II.

Die Entwicklung des Handels und der Industrie im Zollverein.

Es bedarf des Beweises eigentlich nicht, daß durch Herstellung der Einheit der Zollgesetzgebung und der Tarife, der Gleichförmigkeit der Zollverwaltung und des Zollverfahrens, der gegenseitigen Freiheit des Verkehrs und der Gemeinschaft der Zolleinnahmen, ferner durch möglichste Beschränkung der Staatsmonopolien, der Konsumtions-steuern und der Abgaben für Benutzung von Verkehrsmitteln, endlich durch die Gründung und Aufrechterhaltung eines gemeinsamen Zoll-systems überhaupt, die Konsumtionskraft, der Verkehr und die indu-strielle Thätigkeit in den von der gemeinsamen Zolllinie umschlossenen Gebieten einen früher nicht geahnten Aufschwung nahmen. Allein gerade im gegenwärtigen Moment erscheint es dringend geboten, Den-jenigen ein Bild dieses großartigen Aufschwunges vor Augen zu hal-ten, welche, anstatt einer Erhaltung und naturgemäßen Entwicklung der durch den Zollverein geschaffenen materiellen Gemeinschaft lebhaft das Wort zu reden, und, damit diese Ziele erreicht werden, sich zu Opfern bereit zu zeigen, vielmehr durch ihr thatsächliches Verhalten in der Zollvereinsfrage, durch Hereinziehung politischer Sympathieen und Antipathien, durch ihre partikularistischen und selbstsüchtigen Be-strebungen jene Gemeinschaft freventlich aufs Spiel setzen.

Die amtliche Statistik des Zollvereins ist bekanntlich quantitativ und qualitativ sehr mangelhaft. Sie ist kaum eine Handels- geschweige eine Verkehrs-Statistik, noch weniger aber bekümmert sich das central-statistische Büreau in Berlin um die Gütererzeugung und um den Güterverbrauch. Da es hierfür auch an anderweiten umfassenden Vorlagen fehlt, können die nachstehenden Aufstellungen keineswegs auf Vollständigkeit Anspruch machen; sie heben nur einzelne wesentliche Thatsachen hervor, um daran die Entwickelung des Handels und der Industrie, welche der Zollverein hervorgerufen hat, deutlich zu machen.

Es betrug — nach den Werth-Abschätzungen von Junghanns und Hübner — an Ganzfabrikaten:

	1831.		1844.		1857.		1858.	
	Mill. Thlr.	pr. Kopf. Sgr.	Mill. Thlr.	pr. Kopf. Sgr.	Mill. Thlr.	pr. Kopf. Sgr.	Mill. Thlr.	pr. Kopf. Sgr.
Die Zollvereins-Einfuhr . .	14,706	18.8	26.065	28.4	41.612	37.5	35.012	31.3
Die Zollvereins-Ausfuhr . .	83,719	106.9	98.077	103.2	189.999	170.5	203.683	182.9
Die Zollvereins-Mehr-Ausfuhr	69.006	88.1	71.112	74.8	148.387	133.0	168.673	150.9

Diese Angaben beweisen, daß der Zollverein in hervorragendem Sinne nach und nach ein Handels- und Industrieland geworden ist. Die verhältnißmäßige Steigerung des Werthes der Ausfuhr an Ganz-fabrikaten hat in vier und zwanzig Jahren 70% betragen; der Werth der Ausfuhr selbst betrug i. J. 1858 über 6 Thlr. pro Kopf der Bevölkerung, d. i. ungefähr der achte Theil derjenigen Summe, welche man als den Durchschnittswerth des gesammten Güterverbrauchs pro Kopf der Bevölkerung im Zollverein annehmen kann.

Die Versorgung unseres Bedarfs an ausländischen Rohstoffen, an Kolonialwaaren, und selbst häufig an den nothwendigsten Lebens-mitteln, ist von unserer Ausfuhr an Fabrikaten abhängig. Glücklicher-weise bildet denn auch — Dank den Segnungen des Zollvereins — jetzt die Ausfuhr von Ganzfabrikaten ihrem Werthe nach einen sehr beträchtlichen Theil unserer Gesammtausfuhr (im J. 1859 betrug die Gesammtausfuhr des Zollvereins 350 Mill. Thlr., die Ausfuhr von Ganzfabrikaten 200 Mill. Thlr., also $\frac{4}{7}$).

Der Gesammt-Ein- und Ausfuhr-Handel des Zollvereins be-wegte sich seit 1834 in folgenden Werth-Beträgen:

1834: Ein= u. Ausfuhr 249.$_2$ Mill. Thlr. — 10 Thlr. pr. Kopf der Bevölker.
1839: „ „ „ 338.$_6$ „ „ = 13 „ „ „ „ „ „
1844: „ „ „ 384.$_0$ „ „ = 13.$_3$ „ „ „ „ „ „
1849: . . . .
1854: „ „ „ 603.$_2$ „ „ = 20.$_4$ „ „ „ „ „ „
1858: „ „ „ 672.$_3$ „ „ = 26.$_1$ „ „ „ „ „ „

Anlangend die Betheiligung des Exports an der Beschäftigung unseres Gewerbfleißes, so giebt das klarste Bild davon diejenige Groß= industrie, welche ein lediglich ausländisches Produkt, die Baumwolle, verarbeitet. Nach den desfallsigen Ermittelungen der vereinigten Com= missionen des Preuß. Abgeordnetenhauses für Handel und Gewerbe und für Finanzen und Zölle über den, beiden Häusern des Preuß. Landtags zur Genehmigung vorgelegten, deutsch=französischen Handels= vertrag, berechnete sich im Durchschnitt im Zollverein:

	1834/38 Cntr.	1839/48 Cntr.	1844/48 Cntr.	1849/53 Cntr.	1854/58 Cntr.
Rohe Baumwolle. Ueber= schuß der Einfuhr über die Ausfuhr . . .	131,407	235,063	300,497	426,135	730,151
Garneinfuhr in Baum= wolle ausgedrückt 100 Pf. — 120 Pf. . .	375,208	527,512	602,112	391,379	659,223
Fabrikaten= Einfuhr, in Baumw. ausgedrückt, 100 Pf. — 120 Pf. . .	17,374	17,408	10,478	9,012	11,989
Summa I. . .	543,989	781,983	913,087	1,926,526	1,401,360
Garn=Ausfuhr (100 : 120)	55,929	66,408	48,773	39,138	103,255
Fabrikaten= Ausfuhr (100 : 120)	96,880	103,900	95,994	153,072	259,135
Summa II. . .	152,809	170,398	144,767	192,210	362,390

Summa II von I bleibt:

Baumwollenverbrauch .	390,180	614,585	768,320	834,316	1,038,970
Bevölkerung . Mill.	26	28	29.$_5$	30.$_5$	33
Baumwollenverbrauch pr. Kopf . . Pf.	1.$_{50}$	2.$_{17}$	2.$_{80}$	2.$_{73}$	3.$_{13}$

Die Durchschnittsziffer für die Ausfuhr von Baumwollengarn für 1854 bis 1858 ist dadurch etwas alterirt — heißt es in dem Be= richte der obengenannten Kommissionen — daß 1858, in Folge der Krise, eine sehr bedeutende Wiederausfuhr eingeführter Garne statt= gefunden zu haben scheint. Hierauf sind etwa 30,000 Ctr. abzurech= nen. Nach dieser Berichtigung ergiebt sich, daß in Prozenten des ein= heimischen Verbrauches sich berechnete:

	1834 38 $\frac{0}{0}$	1839 43 $\frac{0}{0}$	1844 48 $\frac{0}{0}$	1849 53 $\frac{0}{0}$	1854 58 $\frac{0}{0}$
Die Ausfuhr: von Baumwollenwaaren . . .	24.4	16.9	12.5	18.3	25.0
Von Baumwollenw. und Garn	39.1	27.7	18.8	23.0	31.0

Rechnet man — heißt es am angeführten Orte bann weiter — bie Einfuhr baumwollener Gewebe, als nicht der einheimischen Fabrikation angehörig, ab, so kommt man zu dem Resultate, daß mehr als der vierte Theil der einheimischen Baumwollenmanufaktur für die Ausfuhr arbeitet.

Die Exportfähigkeit der deutschen Industrie, welche in neuerer Zeit so oft geringschätzig angesehen wird, ist, wie man zahlenmäßig nachweisen kann, seit der Gründung des Zollvereins überhaupt ganz ungemein gewachsen. Mit zahlreichen Gewerbsprodukten, die gegenwärtig noch hohe Schutzzölle im Inland genießen, konkurriren wir erfolgreich auf dem Weltmarkt, wo wir wahrlich nicht künstlich vor anderen Nationen bevorzugt werden.

Die Hanseftädte sind bekanntlich die vornehmlichen Vermittler der transatlantischen Zollvereins-Ausfuhr. In welchen Verhältnissen sich diese Ausfuhr bewegt, dafür wird man daher einen ziemlich richtigen Maaßstab in der Zollvereins-Ausfuhr nach Bremen und Hamburg gewinnen. Dieselbe hat bis 1857 stetig zugenommen, ist aber dann freilich in Folge der Krisis stehen geblieben, und, nachdem sie im Jahre 1860 wieder einen bedeutenden Aufschwung genommen hatte, machten sich seit 1861 die Einflüsse des Amerikanischen Krieges geltend. Trotz alledem bewegt sich diese Ausfuhr, wie aus nachstehenden Ueberfichten erhellen möge, auch jetzt noch in ganz beträchtlichen Dimensionen.

Zollvereins-Ausfuhr nach Bremen.
(Nach preußischem Thalerwerth.)

	1857.	1858.	1859.	1860.	1861.
Verzehrungsgegenftände . . .	5,612,000	5,050,000	5,343,000	6,374,000	5,797,000
Rohstoffe u. Chemikalien . . .	2,922,000	2,350,000	2,631,000	3,438,000	3,630,000

Emminghaus, Zollverein.   3

	1857.	1858.	1859.	1860.	\
Halbfabrikate	537,000	512,000	942,000	1,490,000	1,838,000
darunter Wollen- garne	46,000	71,000	189,060	101,000	80,000
Manufacturwaar.	12,190,000	8,160,000	12,359,000	11,825,000	6,254,000
darunter Baum- wollenwaaren	3,520,000	2,650,000	4,100,000	4,138,000	1,676,000
Leinen u. Halblein.	894,000	570,000	660,000	713,000	559,000
Tuche	2,578,000	2,390,000	3,612,000	2,336,000	1,417,000
Andere wollene u. halbw. Waaren	3,394,000	1,600,000	2,524,000	3,233,000	1,920,000
Seidene u. halbseid. Waaren	819,000	317,000	518,000	341,000	172,000
Spitzen, Wachs- tuche, Posament. Bänder 2c.	983,000	633,000	943,000	1,064,000	510,005
Andere Industrie- Erzeugn.	7,564,000	4,960,000	6,560,000	6,792,000	4,690,000
darunter: musikal. Instrum.	209,500	219,000	219,000	225,000	81,000
Holz- und Spiel- waaren	148,000	233,000	222,000	267,500	93,000
Kurzwaaren	948,000	580,000	581,000	626,000	337,000
Bücher und Musi- kalien	254,000	162,000	237,000	208,000	165,000
Diverse	6,004,500	3,766,000	8,301,000	5,405,000	4,014,000
Zollvereins-Aus- fuhr n. Bremen überhaupt	28,825,000	21,032,000	27,855,000	29,925,000	22,209,000

Zollvereins-Ausfuhr nach Hamburg in Manufakturwaaren.
(Nach preußischem Thalerwerth.)

	1857.	1858.	1859.	1860.
Baumwoll. Waaren	5,714,000	4,638,000	6,830,000	7,500,000
Leinene und halbleinene Waaren	3,792,000	2,914,000	3,240,000	3,330,000
Alle wollenen Waaren zusammen	15,940,000	10,152,000	15,120,000	14,650,000
Diverse Waaren	2,294,000	2,662,000	3,430,000	2,994,000
Seide u. Halbseide	4,750,000	2,734,000	4,490,000	4,466,000
Musikal. Instrumente	263,000	267,000	390,000	440,000
Spiel- u. Holzwaaren	837,000	623,000	710,000	895,000
Bücher	437,000	495,000	456,000	517,000
Manufakturwaar. über- haupt	32,490,050	23,100,000	32,130,000	32,960,000

Mit der Rübenzucker-Industrie darf man zwar nicht exem-
plifiziren, wenn man Etwas zu Gunsten des Zollvereins beweisen

will; denn diese Industrie ist durch den Zollverein künstlich und auf
Kosten der Konsumenten zu einer zweifelhaften Blüthe erhoben wor=
den. Allein von dem einseitigen Produktions=Standpunkte aus betrach=
tet, und, wenn man einmal alle, freilich sehr naheliegenden, Neben=
gedanken beiseite läßt, erscheinen die Fortschritte auch dieser Industrie
eben doch als ein günstiges Resultat, welches ohne Freiheit des inne=
ren Verkehrs nie und nimmermehr erreicht worden sein würde. Der
Zollverein hatte i. J. 1836: 132 Rübenzuckerfabriken, welche 506,923
Ctr. Rüben verarbeiteten; 1858 dagegen 251 Fabriken mit einem Rü=
benverbrauch von 36,668,556 Ctr.

Der Bergbau=, Hütten= und Salinenbetrieb in Preu=
ßen lieferte in den Jahren 1842 und 1856 folgende Ergebnisse:

	1842.	1856.
	Geldwerth vom Erzeugungsort	
	Thlr.	Thlr.
1. Erzeugnisse des Bergbaues	7,984,809	30,831,567
2. Erzeugnisse des Hüttenbetriebs	22,190,083	79,598,610
3. Erzeugnisse b. Salinenbetriebs	1,380,236	1,545,837
Summa	31,555,128	111,976,014.

Und so wird man kaum irgend einen Zweig der Großindustrie
nennen können, der nicht in ähnlichem Maaßstabe sich entwickelt hätte,
was ganz unzweifelhaft geradezu unmöglich gewesen wäre, wenn das
deutsche Zollvereinsgebiet nach wie vor in eine Menge von einzelnen
abgeschlossenen Zollgebieten abgetheilt geblieben wäre.

Zugleich liegt es auf der Hand, daß der Binnen=, wie der inter=
nationale Verkehr Deutschlands, wenn die Binnenzollgrenzen der Vor=
Zollvereinszeit bestehen geblieben wären, unmöglich den bedeutenden
Aufschwung hätten nehmen können, den sie in den letzten dreißig Jah=
ren notorisch genommen haben. Ja, man kann kühn behaupten, daß
die großartigsten Erfindungen, welche in unserem Jahrhundert auf
dem Gebiete des Verkehrslebens gemacht worden sind, für unser
Vaterland erst in Folge der Entfernung der inneren Zollbarrièren
und Zollschlagbäume ihre großartigen Dienste haben bewähren können.
Wie könnten wir ein Eisenbahnnetz haben, welches schon so dicht ist,
daß auf je 1 Million Einwohner gegen 40 Meilen Eisenbahnen kom=
men, wenn nicht der Güterverkehr, die eigentliche Nahrungsquelle die=

3 *

fes Verkehrsmittels, unbekümmert um Territorialunterschiede und Lan=
desgränzen sich frei von den Alpen bis zum Meere und von der Weichsel
bis zum Rheine bewegen könnte? Freilich es ist fraglich, ob nicht ge=
gerade diese modernen Verkehrsmittel mit ihrer volkswirthschaftlich=
reformatorischen Gewalt das Binnengrenzzoll=System durchbrochen
haben würden, wenn sie es noch vorgefunden hätten. Aber das ist
kaum fraglich, daß, da sie hier nichts mehr durchzubrechen hatten, sie
ihr Gebiet sich nur um so rascher zu erobern vermochten.

III.

Die finanziellen Ergebnisse des Zollvereins und die Vertheilung der Einkünfte.

Die Stein=Hardenbergische Gesetzgebung und der preußische Ta=
rif von 1818 werden nicht mit Unrecht als Ausgangspunkte und als
normative Grundlagen der Zollvereinsgesetzgebung bezeichnet. Von
diesen Grundlagen hat sich der Zollverein jedoch im Laufe der Zeit
mehr und mehr und in mehrfacher Beziehung entfernt; vor Allem ist
sein Tarif auch in denjenigen Positionen, welche am wenigsten von
den ursprünglichen Normativsätzen abweichen, längst nicht mehr ein
Finanzzolltarif zu nennen. Ueberhaupt — und wir werden hierauf
bei Betrachtung des Tarifs des Näheren zurückkommen — ist das
System der Verzollung im Verein nicht, und bezüglich nicht mehr ein
Finanzzollsystem, sondern ein ausgeprägtes Schutzzollsystem. Daher
stehen denn auch die finanziellen Ergebnisse in keinem Verhältnisse zu
der industriellen und sonstigen Entwicklung des Zollvereins. Die letz=
tere ist durch das Schutzzollsystem nur in manchen Branchen gehemmt
worden, in vielen hat sie sich, wenn auch ohne durch den Schutz ge=
fördert zu werden, doch wenigstens durch denselben und durch den
Mangel des in der freien Konkurrenz liegenden Antriebes nicht nieder=
halten lassen. Wir wissen nicht, welchen Impuls sie erhalten hätte,
wenn man sie frühzeitig des Gängelbandes entwöhnt hätte; aber wir
wissen, daß sie in fast allen Zweigen den Kinderschuhen längst ent=

wachsen ist. Den Finanzen aber hat der protektive Charakter des Ta= rifs entschieden Abbruch gethan. Jedenfalls sind die finanziellen Er= gebnisse des Systems die besten Zeugen dafür, daß es sich hier nicht um ein Finanzzollsystem handelt.

Während der Verkehr mit dem Auslande nach dem Gewicht der verzollten Güter berechnet, im Jahre

1856: 314.$_{68}$ $^0/_0$ des Verkehrs von 1834 bei der Einfuhr und
126.$_{26}$ „ „ „ „ „ „ „ Ausfuhr

betrug, stieg die Netto=Zolleinnahme von 1834 bis 1856 nur von 100 auf 227. Die Einfuhr, welche 1834 ungefähr 11 Millionen Centner betrug, war bis 1856 auf beinahe 35 Millionen Centner, die Aus= fuhr von 26 $^1/_4$ Mill. auf 33 $^1/_8$ Mill. Ctr. gestiegen; die Netto=Ein= nahme hatte sich in jenem Zeitraume pro Kopf der Bevölkerung nur um etwa 10 Sgr. vermehrt (1834 : 15.$_{56}$ Sgr., 1856 : 24.$_{41}$ Sgr.)

Bei einem Finanzzollsystem würde man nach mehr als zwanzig Jahren zu anderen Resultaten gelangt sein! Hat doch die Schweiz im Durchschnitt der ersten zehn Jahre (1850—59) des Bestehens ihres neuen Zollsystems, welches in der That, nicht nur dem Namen nach, ein Finanzzollsystem ist, eine Netto=Einnahme von 18 Sgr. per Kopf der Bevölkerung erzielt (Brutto 20 Sgr.).

Aus Nachstehendem möge des Näheren erhellen, wie wenig gün= stig die finanziellen Resultate der Zollvereinsverwaltung sich gestaltet haben und wie wenig in diesem Punkte von einer gesunden Entwick= lung die Rede sein kann:

Es wurden zur Vertheilung gestellt:

	1835.	1837.	1840.	1842.	1847.
	Thlr.	Thlr.	Thlr.	Thlr.	Thlr.
1. An Eingangs= abgaben .	15,850,973	17,455,513	21,262,949	22,690,912	26,293,951
2. An Ausgangs= abgaben .	302,672	521,387	432,951	403,674	806,269
3. An Durch= gangsabgab.	526,525	485,973	559,304	558,083	452,770
4. An Rüben= zuckersteuer .	—	—	—	—	281,699
5. Zusammen .	16,880,180	18,462,873	22,255,204	23,653,269	27,834,691
6. Pro Kopf der Bevölkerung	Sgr. 21.= Pf.	22 Sgr.	24.$_7$ Pf.	25.$_9$ Pf.	28.$_3$ Pf.

	1849.	1853.	1854.	1858.	1861.
	Thlr.	Thlr.	Thlr.	Thlr.	Thlr.
1. An Eingangs-abgaben .	22,013,982	21,221,434	22,496,528	28,002,849	24,745,995
2. An Ausgangs-abgaben .	366,864	295,281	245,196	224,546	157,716
3. An Durch-gangsabgab.	316,453	499,439	415,683	379,197	
4. An Rüben-zuckersteuer .	382,658	2,171,738	3,693,959	7,416,688	4,931,223
5. Zusammen .	23,081,957	24,187,892	26,851,366	36,023,280	29,834,934
6. Pr. Kopf der Bevölkerung Sgr.	23.6 Pf.	23.10 Pf.	24.9 Pf.	28.9 Pf.	26.5 Pf.

Die hohen, die Erzeugnisse der Industrie vertheuernden Schutz-zölle vermindern auch ben Verbrauch und somit den Zollertrag derjenigen Waaren, welche den Hauptertrag ber Zölle bringen sollen. Der Zucker- und Kaffeeverbrauch stellt sich im Zollverein pro Kopf der Bevölkerung weit niedriger, als in den meisten anderen Kulturstaaten. Es wird nämlich berechnet

Der Zuckerver-verbrauch, pr. Kopf b. Bevölk.		Der Kaffeever-brauch pr. Kopf b. Bevölkerung.	
Im Zollverein auf Pf.	7.41	Im Zollverein auf Pf.	3.49
Dagegen		Dagegen	
In Großbritanien „	38.18	In Holland „	12.—
„ Dänemark „	13.13	„ Belgien „	9.2
		„ b. Ver. Staaten „	9.13
„ der Schweiz „	9.32	„ b. Schweiz „	6.02
„ b. Niederlanden „	8.95		

Der Zucker freilich würde, troz des nur mäßigen Verbrauches, einen ganz anderen Zollertrag geben, wenn der von den Konsumenten gezahlte Zoll nicht zum großen Theile, anstatt in die Zollkassen, vielmehr in die Taschen der Fabrikanten wanderte. Wir kommen auf diesen Punkt zurück. —

Die Preuß. Steuergesetzgebung von 1818 ging hinsichtlich der Verbrauchssteuern u. A. von dem Grundsatze aus, baß die zu besteuernden Artikel auf eine kleine Zahl zu beschränken, und zwar nur solche Gegenstände zur Besteuerung herbeizuziehen seien, welche einen geringen Aufwand in der Erhebung und wenig Kontrole gegen die Steuerpflichtigen erfordern.

Wie sehr man im Zollverein von diesem Grundsatze abgewichen

ift, geht baraus hervor, baß die Zahl der der Besteuerung unterliegenden
und beim Eingang Behufs der Klaffifikation speziell zu beklarirenden
Waarenartikel sich hier auf etwa 2500 erhebt.

Und aus dieser großen Zahl von Artikeln sind es doch nur einige
wenige, von denen man sagen kann, baß sie zum Zollertrag einen Beitrag liefern.

Es brachten nämlich in den Jahren

1855.

Roher Kaffee	23.$_{35}$ % der Gef.-Einnahme.
Rohzucker	17.$_{31}$ „ „ „
Rohtabak	6.$_{29}$ „ „ „
Baumwollengarn	6.$_{07}$ „ „ „
Wein	5.$_{74}$ „ „ „
Roheisen	3.$_{90}$ „ „ „
Wollenwaaren	3.$_{44}$ „ „ „
Reis	2.$_{32}$ „ „ „
Südfrüchte	2.$_{21}$ „ „ „
Seibenwaaren	1.$_{98}$ „ „ „
Stabeisen	1.$_{77}$ „ „ „
Oel in Fäffern	1.$_{73}$ „ „ „
Baumwollenwaaren . . .	1.$_{67}$ „ „ „
Branntwein	1.$_{63}$ „ „ „
Thee	1.$_{45}$ „ „ „
Vieh	1.$_{41}$ „ „ „
Heringe	1.$_{28}$ „ „ „
Gewürze	1.$_{26}$ „ „ „
Flachs und Hanf	1.$_{17}$ „ „ „
Zusammen	86.$_{00}$ Procent.

1857.

Kaffee und Cacao	23.$_{383}$ % der Gef.-Einnahme.
Eisen, Stahl u. dergl. Waaren	15.$_{496}$ „ „ „
Tabak	7.$_{441}$ „ „ „
Zucker und Syrup . . .	6.$_{889}$ „ „ „
Baumwollengarn	6.$_{502}$ „ „ „
Wein und Most	6.$_{300}$ „ „ „
Wollene Waaren	4.$_{060}$ „ „ „
Seide und Seibenwaaren .	3.$_{271}$ „ „ „
Reis	2.$_{483}$ „ „ „
Latus	75.$_{825}$ „ „ „

Uebertrag:	75.825	⁰/₀ der Ges.-Einnahme.

Südfrüchte . . . . . . 2.237 „ „ „
Baumwollene Waaren . . 2.179 „ „ „
Oel in Fässern . . . . 1.804 „ „ „
Branntwein . . . . . . 1.683 „ „ „
Vieh . . . . 1.534 „ „ „
Gewürze . . . . . . 1.372 „ „ „
Droguerie- und Farbewaaren 1.340 „ „ „
Leinengarn u. Leinenwaaren . 1.218 „ „ „
Heringe . . . . 1.117 „ „ „

Zusammen 90.389 Procent.

Gegenwärtig sind es nur sieben Artikel, welche über Einen Silbergroschen pro Kopf zur Zolleinnahme beitragen, nämlich: Zucker, Kaffe, Eisen und Eisenwaaren, Tabak, Baumwollengarn, Wein und Wollenwaaren. Diese Artikel liefern über ³⁄₄ der Zolleinnahmen.

Angesichts solcher Thatsachen kann darüber kein Zweifel sein, daß das finanzielle Ergebniß des jetzigen Systems durch ein anderes, dem Handel und der Industrie weniger lästiges System sicher erreicht werden könnte, und zwar um so sicherer, wenn man gleichzeitig auch auf möglichste Ermäßigung derjenigen Zölle, welche ein finanzielles Ergebniß liefern sollen, Bedacht nähme. —

Bevor wir auf die Vertheilung der Zolleinnahmen und die finanzielle Stellung, welche die einzelnen Zollvereinsstaaten als Mitglieder des Vereins einnehmen, des Näheren eingehen, muß noch der bei Vertheilung der gemeinschaftlichen Einnahmen maasgebenden Grundsätze und der hinsichtlich der inneren Verbrauchsabgaben bestehenden Sonderverbände mit einigen Worten gedacht werden.

Der Ertrag der Eingangs- und Ausgangsabgaben, sowie der Rübenzuckersteuer (und zwar seit 1853 der Brutto-Ertrag) wird, nach Abzug 1) der Rückerstattungen für unrichtige Erhebungen 2) der auf Grund besonderer gemeinschaftlicher Verabredungen erfolgten Steuer-Ermäßigungen und Vergütungen nach Maasgabe der Bevölkerungszahl unter die Vereinsstaaten vertheilt. Dies ist die Regel. Von dieser Regel sind folgende Ausnahmen festgestellt:

1) Von den dem preußischen Zollsysteme mit ihrem ganzen Ge-

biete oder mit einem Theile desselben beigetretenen Staaten sollen rücksichtlich der Theilung der Aus-, und solange diese noch bestanden, auch der Durchgangsabgaben, neun Staaten und bezügl. Gebietstheile den östlichen, und vier Staaten und bezügl. Gebietstheile den westlichen Provinzen beigerechnet werden. Von den Einnahmen, welche der östliche Verband aus den Ausgangsabgaben (und früher auch Durchgangsabgaben) erzielt, wird ein Theil vorweggenommen, welcher Preußen allein zufällt. Dieses Präzipuum ist auf die Hälfte der betreff. Einnahmen des östl. Verbandes festgesetzt, soll jedoch den Betrag von 300,000 Thlr. nicht übersteigen. Nach Abzug des Präzipuums wird dann die verbleibende Summe nach der Zahl der Bevölkerung sämmtlicher an dem Verbande betheiligter Staaten und bezügl. Gebietstheile vertheilt.

Diese Trennung des Preuß. Zollsystems in zwei Verbände hat in der großen Abweichung der betreff. Einnahmen in beiden Verbänden und in besonderen, hier nicht näher zu erörternden, in Ostpreußen obwaltenden Verhältnissen ihren Grund.

2) Bei der Vertheilung der Eingangsabgaben wird die Volkszahl von Hannover und Oldenburg anstatt ein fach: $1\frac{3}{4}$ fach, und

3) die Bevölkerung von Frankfurt statt ein fach: $4\frac{2}{3}$ fach gezählt.

Bezüglich der Uebergangsabgaben bestehen vier engere Steuervereine innerhalb des Zollvereins, nämlich

a) Ein Verein mit gemeinschaftlicher Wein- Most- und Tabaksteuer. Zu demselben gehören: Preußen mit Enklaven, Sachsen, Kurhessen, Thüringen und alle seit 1841 dem Zollverein beigetretene Staaten.

b) Ein Verein mit gemeinschaftlicher Erhebung der Biersteuer. Zu demselben gehören Preußen mit Enklaven, Sachsen, der Thüringensche Verein, Braunschweig und Luxemburg.

c) Zwei Vereine mit gemeinschaftl. Erhebung der Branntweinsteuer. Zu dem einen gehören: Preußen, Sachsen und Thüringen; den zweiten bilden Hannover und Oldenburg.

In diesen verschiedenen Vereinen werden die betreff. Uebergangssteuer-Einkünfte nach Maasgabe der Bevölkerung vertheilt, nur daß

im Verein sub a. die Bevölkerung von Hannover und Oldenburg behufs der Vertheilung ebenfalls 1³⁄₄fach gerechnet wird. —
Daß die Einnahmen von den Eingangszöllen wenigstens nicht
bei allen Artikeln einen zutreffenden Maaßstab für den Verbrauch
solcher Artikel in denjenigen Staaten, wo die Einnahmen erhoben
werden, abgeben, liegt auf der Hand. In Frankfurt sind die Zolleinnahmen pro Kopf der Bevölkerung funfzehnmal so groß, als in Baden, zweiundfunfzigmal so hoch, als in Nassau. Jedermann weiß, daß
die Bevölkerung von Frankfurt nicht funfzehnmal mehr an zollpflichtigen Waaren verbraucht, als die Bevölkerung von Baden, und nicht
zweiundfunfzigmal mehr, als die von Nassau. Nur bei denjenigen
Waaren, welche in der Regel mit Begleitscheinen an den Grenzstatio-
nen abgefertigt, und erst am Orte der Bestimmung verzollt zu werden
pflegen, kann man von dem Zollertrag ungefähr auf die Konsumtion
schließen. Ein solcher Schluß jedoch trifft natürlich auch bei diesen
Waaren dann nicht zu, wenn die Verzollung an einem Platze stattfin-
det, der, wie Frankfurt, den Versorgungsmarkt für ein großes umlie-
gendes Gebiet bildet. Im großen Durchschnitt wird die Konsumtion
zollpflichtiger Artikel in Grenzgebieten verhältnißmäßig kleiner sein,
als aus dem Eingangszollertrag zu schließen, in Binnengebieten dagegen größer, als nach diesem Ertrag anzunehmen wäre; denn dort
werden für das Inland bestimmte Artikel mit verzollt, hier werden
Artikel verbraucht, die schon an der Außengrenze verzollt sind. Ein
Zollgebiet, wie die Stadt Frankfurt, nimmt gegenüber beiden Regeln
eine Ausnahmestellung ein. Das Nämliche würde bei Städten, wie
Leipzig, Magdeburg, Berlin, Breslau u. s. w. stattfinden, wenn diese
Städte selbstständige Zollgebiete bildeten, d. h. auch hier würde der
Zollertrag in vielen Artikeln und im großen Ganzen verhältnißmäßig größer sein, als die Konsumtion; in einzelnen Artikeln jedoch,
denen nämlich, welche vorzugsweise der Konsumtion einer städtischen
Bevölkerung dienen, und nicht erst am Bestimmungsorte verzollt
worden sind, würde die Konsumtion verhältnißmäßig dem Zollertrage
nachstehen.

Man wird aus diesen Bemerkungen entnehmen können, daß der
Verbrauch von zollpflichtigen Artikeln für die Vertheilung der Zollein-

nahmen höchstens in einem Vereine maaßgebend sein könnte, dessen Glieder je mit ihrem Gebiete gleichmäßig an dem Grenz- und an dem Binnen-Territorium partizipiren, und in dem die Vertheilung der Bevölkerung auf Stadt und Land durchweg eine ungefähr gleichmäßige wäre. Fände bei so gleichartigen Verhältnissen in den einzelnen Gebieten nachweislich noch eine große Verschiedenheit im Verbrauche zollpflichtiger Artikel statt, so würde eine Rücksichtnahme auf diese Verschiedenheit bei der Vertheilung der gemeinschaftlichen Zolleinnahmen allenfalls gerechtfertigt erscheinen.

Im Zollverein finden diese Verhältnisse bekanntlich nicht statt. Hier würde der Grundsatz der Vertheilung nach einem Verbrauchs-maaßstabe zu den größten Ungerechtigkeiten führen. Welche Anomalieen daraus entstanden sind, daß dieser Grundsatz einigen Vereinsgliedern gegenüber in Anwendung gekommen ist, möge aus Folgendem erhellen.

Nach einer neuerdings erschienenen und namentlich die bei der jetzigen Zollvereinskrisis in Frage kommenden finanziellen Gesichtspunkte scharf in's Auge fassenden Schrift*) steuerten zur gemeinschaftlichen Kasse im Jahre 1860

	mehr als nach dem Verhältniß der Bevölkerung.		weniger	
	Thlr.	Thlr. pr. Kopf d.Bev.	Thlr.	Thlr. pr. Kopf d.Bev.
Preußen	1,222,000	0,06	—	—
Sachsen und Braunschweig	480,000	0,20	—	—
Hannover und Oldenburg	573,000	0,27	—	—
Kurhessen und Thüringen	—	—	294,000	0,17
Der ganze Norden	1,981,000	0,08	—	—
Baiern und Würtemberg	—	—	2,378,000	0,38
Baden u. Großherzogthum Hessen	—	—	—	—
Nassau	—	—	24,000	0,01
Frankfurt	606,000	7,49	—	—
Der ganze Süden	—	—	1,980,000	0,22

Hannover und Oldenburg bezogen im Jahre 1860 an den Ein-, Aus-, und Durchgangsabgaben den Vorzugs-Antheil 1,088,776 Thlr.

von der Rübensteuer 303,190

Summa 1,391,966 Thlr.

Dies betrug, im Vergleich mit der Summe, welche in Hannover

---

*) Der Zollverein und die Krisis, mit welcher er bedroht ist. Erstes Heft. Braunschweig, Druck und Verlag von Fr. Vieweg und Sohn. 1863.

und Oldenburg mehr als nach dem Verhältnisse ihrer Bevölkerung zur Verzollung kam (928,000 Thlr.) . . . plus 464,000 Thlr., gegen ihren wahrscheinlichen Konsum aber, der zu 573,000 Thlr. zu veranschlagen ist, plus 819,000 „ und, wenn man davon für einen etwaigen Mehrkonsum an Zucker noch . . . . plus 123,000 „ absetzen will . . . . plus 696,000 Thlr., also noch immer die Hälfte des Vorzugsantheiles.

Mit anderen Worten: von dem nach dem wahrscheinlichen Verbrauche von Hauptfinanz-Artikeln des Zollvereins-Tarifs normirten Präzipuum ist die Hälfte ein jedenfalls unverdientes Geschenk, welches die nördliche Gruppe des Zollvereins von ihren Zollintraden den Staaten des ehemaligen Steuervereins opfern muß.

Muß man nun auch annehmen, daß dieses „Zu viel" nicht durchweg auf einer irrthümlichen Bemessung der Konsumtionsverhältnisse beruht, sondern vielmehr im Wesentlichen als absichtlich bewilligter Preis für den Zollanschluß Hannovers und Oldenburgs sich darstellt, so begreift man doch nicht, wie gerade diejenigen Staaten, welche in ihren Konsumtionsverhältnissen Hannover und Oldenburg jedenfalls am nächsten stehen, dazu kommen, zu Gunsten dieser letzteren eine Einbuße an ihren Zolleinkünften zu erleiden, während die Staaten der südlichen Gruppe, welche an Konsumtionskraft, mit Ausnahme von Frankfurt, weit unter den Staaten der nördlichen Gruppe stehen, nicht nur zu dem, dem Steuerverein gewährten Präzipuum nichts beitragen, sondern sich ihre Zolleinnahme von Preußen, Sachsen und Braunschweig sogar nach komplettiren lassen.

Diese Anomalie ist die einfache Folge des im Zollverein eingeführten gemischten Vertheilungs-Systems.

Man wird sich leicht überzeugen, daß in einem Zollvereine, wie der unsrige, die gemeinschaftlichen Einnahmen nur nach der wirklichen Bevölkerungszahl vertheilt werden können, und daß jeder andere Maasstab zu Anomalien und Ungerechtigkeiten führen muß.

Daher kann man dem Verfasser der oben erwähnten Schrift nur beipflichten, wenn er, nachdem er eine ausnahmsweise Berücksichtigung Frankfurts gerechtfertigt hat, Seite 19 fortfährt: „Aber keinem anderen Staate sollte ein solcher Vorzug gewährt, keinem eine andere Bedingung gewährt werden, als die Theilung des Netto-Einkommens nach der Bevölkerung. Wenn der Eintritt eines noch außenstehenden deutschen Staates in Frage käme, so sollte die Erwägung der Finanzverhältnisse niemals eine andere Antwort, als das nackte „Ja" oder „Nein" diktiren. Staaten, deren commerzielle Verhältnisse so verschieden sind, daß einer oder der andere Theil die Theilung nach der Kopfzahl nicht ertragen kann, oder will, taugen nicht zu einer solchen Vereinigung."

Die wirklichen Ergebnisse der Revenüenvertheilung waren im Jahre 1861 die folgenden:

1) Nach den provisorischen Abrechnungen für dieses Jahr wurde eingenommen:

an Eingangsabgaben Thlr. 24,745,995
an Aus- und Durchgangsabgaben „ 157,716
Summa Thlr. 24,903,711

Hiervon gehen ab: Zollerhebungs-, Zollschutz- und sonstige Kosten im Betrage von Thlr. 3,050,834.

Die hiernach verbleibenden „ 21,852,877 wurden unter die Vereinsstaaten nach Maasgabe der Bevölkerung (33,460,754) und mit Berücksichtigung der vertragsmäßig festgestellten Vorzüge vertheilt. Es ergab sich, daß m e h r vereinnahmt, als nach der Bevölkerungszahl zu erhalten hatten:

Preußen . . . . . 2,008,606 Thlr.
Sachsen . . . . . 1,174,208 „
Braunschweig . . . 96,831 „
Frankfurt a M. . . 705,860 „,

dagegen w e n i g e r vereinnahmt, als nach der Bevölkerungszahl und bezüglich der 1³/₄fachen Bevölkerung zu erhalten hatten:

Luxemburg . . . . . 94,844 Thlr.
Bayern . . . . . 1,871,227 „
Hannover . . . . . 598,319 „
Würtemberg . . . . 580,488 „
Baden . . . . . . 95,652 „
Kurhessen . . . . . 91,571 „

Großh. Hessen . . . . 34,359 Thlr.

Thüringen . . . . . 304,131 „

Oldenburg . . . . . 138,969 „

Naffau . . . . . 175,945 „

2) An gemeinschaftlicher Uebergangsabgabe von Bier wurden in den hierzu verbundenen Staaten i. J. 1861 eingenommen:

64,396 Thlr. Brutto.

Es hatten, nach Abzug von 3% Erhebungskosten: herauszuzahlen: Sachsen . . . . . . 41,938 Thlr.

Thüringen . . . . . 1,286 „

zu empfangen: Preußen . . . . . . 42,362 „

Luxemburg . . . . . . 419 „

Braunschweig . . . . . 488 „

3) Die Einahme aus der gemeinschaftlichen Uebergangsabgabe von Wein, Moſt, Tabaksblättern und Tabaksfabri= katen betrug in den hierzu verbundenen Staaten:

346,347 Thlr.

Von der Geſammteinnahme erhielten Hannover und Oldenburg vorweg . . . 52,112 Thlr. Bleiben alſo zur Theilung unter die übrigen Vereinsſtaaten noch:

294,235 Thlr.

Herauszuzahlen hatten: Luxemburg, Sachsen, Kurheſſen, Thüringen; zu empfangen: Preußen, Hannover, Braunſchweig und Oldenburg.

4) Die zur Vertheilung kommende Einnahme aus der gemein= ſchaftlichen Branntweinſteuer und Uebergangsabgabe von Branntwein betrug in den hierzu verbundenen Staaten:

8,111,719 Thlr.

Herauszuzahlen hatten: Preußen und einige mit Preußen im engeren Verband ſtehende Länder und Gebietstheile; zu empfangen: einige andere ſolche Länder und Gebietstheile, ferner Sachsen und der Thüringer Verein.

5) Die proviſoriſche Abrechnung über die Einnahme des Zoll= vereins aus der Rübenzuckerſteuer endlich ergiebt, daß an Rübenzu= ckerſteuer netto Thlr. 4,931,223 vereinnahmt wurden, und von ihrer

speziellen Einnahme nur Preußen und Braunschweig herauszuzahlen, alle anderen Vereinsstaaten aber zu empfangen hatten.

Im Ganzen hatten im Jahre 1861: Preußen mit Luxemburg, Sachsen, Baden, Kurhessen, Thüringen, Braunschweig und Frankfurt a./M zusammen 6,628,200 Thlr. mehr eingenommen, als wirklich in ihre Separatkasse floß, und es kamen ihnen davon nur 1,856,887 Thlr. auf andere Weise wieder zu Gute, während sie 4,771,313 Thlr. mit für Baiern, Hannover, Würtemberg, Hessen-Darmstadt, Oldenburg und Nassau vereinnahmten. Und ähnlich hat sich das Verhältniß seit einer Reihe von Jahren gestellt. Die Summen wechselten natürlich; die Gruppen sind stets unverändert geblieben.

Um schließlich der Zollerhebungs-, Grenzschutz- und der sonstigen zur Berechnung der Netto-Einnahme aus den Ein-, Aus- und Durchgangszöllen von der Brutto-Einnahme in Abzug zu bringenden Kosten noch mit einigen Worten zu gedenken, lassen wir es bei der Bemerkung genügen, daß dieselben i. J. 1861: 12.25 % der Brutto-Einkünfte betragen haben.

Dieser Betrag wäre offenbar zu hoch für ein reines Finanzzoll-System; er ist aber auch ziemlich bedeutend für das bestehende Schutzsystem.

In der Schweiz kommen auf eine Außengrenz-Meile ungefähr 4.27 □ Meilen Zollgebiet; im Zollverein dagegen kommen deren 8.55 auf eine Grenzmeile, und doch stellen sich die sämmtlichen Erhebungs-, Schutz- und Bewachungs-Kosten in der Schweiz zu denen im Zollverein, wie

$$11._{50} : 12._{25}$$

Dabei muß berücksichtigt werden, daß die Schweizerische Zollgrenze im Durchschnitt ungleich schwieriger zu bewachen ist, als die Zollvereins-Grenze. Von der letzteren sind nicht ganz 58 % , von der ersteren aber über 75 % Gebirgsterrain *). —

---

*) Vergl. Emminghaus, Schweizerische Volkswirthschaft, Bd. II. S. 57. — Dort findet man auch die in jetzigen Zeiten besonders interessante Notiz, daß im Bayrischen Rheinkreise i. J. 1830 die Kosten 247,801 fl., die Zolleinnahmen nur 164,767 fl. betrugen. Als Baiern blos mit Würtemberg verbunden war,

Aus allem Vorstehenden wird zur Genüge erhellen, daß es sich im Zollverein nicht um ein Finanzzollsystem handelt; die finanziellen Erfolge sind nur für einige der Zollvereinsglieder günstig — und merkwürdiger Weise sind es gerade diese Schooßkinder der Zollvereinspolitik, welche — freilich nicht aus wirthschaftlichen Gründen, sondern aus politischen Scheingründen — einer liberalen Entwicklung des Zollvereinstarifs die größten Hindernisse in den Weg legen. —

Es dürfte hier der Ort sein, endlich noch der Entwicklung eines Institutes in aller Kürze zu gedenken, an welchem man es am deutlichsten gewahren kann, zu welchen Konsequenzen die Prinziplosigkeit in der Handelspolitik und die Vielköpfigkeit in der Zollgesetzgebung führt. Wir meinen das Institut der Zucker-Besteuerung und Zuckerverzollung im Zollverein. Wir erwähnen dasselbe gerade in dem gegenwärtigen Abschnitte unserer Abhandlung, weil der Zucker unstreitig eines der besten Steuerobjekte für ein Finanzzollsystem wäre; die Verzollung und Besteuerung dieses Artikels im Zollverein aber zwar in den Ausgaben der Konsumenten, keineswegs aber in den Einnahmen der Zollvereinsstaaten sich sonderlich bemerklich macht.

Zur Zeit der Gründung des Zollvereins konnte von einer Rübenzucker-Industrie noch kaum die Rede sein. Erst vom Jahre 1836 an existiren bestimmte Angaben über ihre Ausdehnung. In Preußen war vor dem Zollverein der Tarifsatz für Raffinade von 1822 — 31 10 Thlr. pro Ctr., von 1832 an 11 Thlr., für Rohzucker zum Konsum 8 Thlr., von 1832 an 11 Thlr., von Rohzucker für Siedereien und für Syrup 4 Thlr., von 1832 an 5 Thlr. Diese Sätze dauerten Anfangs im Zollverein fort. Die inländischen Raffinerien genossen den enormen Zollschutz von resp. 5 Thlr. — Die Folge war eine konstante Abnahme der Raffinade-Zufuhr und eine entsprechende Zunahme der Einfuhr von Rohzucker für die Siedereien. Die Einfuhr von Rohzucker zur Konsumtion war immer sehr unbedeutend, die von Syrup unterlag unregelmäßigen Schwankungen.

betrugen 1829—31 im Durchschnitt die Einnahmen 3,609,823, die Ausgaben 1,603,305 fl., oder 44⁰/₀ des Rohertrages. J. J. 1826, bei niedrigen Zöllen, war die Netto-Einnahme größer (2,617,000 fl.) und die Kosten machten nur 25⁰/₀ des ganzen Ertrages aus.

Die Zahl der Raffinerien, welche ausländischen Zucker verarbeiteten, erreichte in Preußen den höchsten Punkt im J. 1837, wo sie 78 betrug; seitdem zeigte sich in Preußen, wie auch im übrigen Zollverein eine konstante Abnahme; im ganzen Zollverein betrug ihre Zahl im J. 1842 : 85, im J. 1847 nur 66, und im J. 1853 nur 37.

Auf dem Zollschutz, welchen die Raffinerien genossen, basirte in der Hauptsache der Zollschutz der Rübenzuckerfabriken, denn, da der Zollschutz der Raffinerien nicht nur den fast gänzlichen Ausschluß der ausländischen Raffinade, sondern auch den noch vollständigeren Ausschluß des indischen Rohzuckers von der Konsumtion im Zollverein bewirkte, so hatten die Rübenzuckerfabriken weder mit der ausländischen Raffinade, noch mit dem indischen Rohzucker bei den Konsumenten zu konkuriren, sondern nur mit dem indischen Rohzucker bei den Raffinerien.

Es ist klar, daß dieses System einestheils geradezu prohibitiv wirken, und anderentheils die Zolleinnahmen der Zollvereinskasse entgehen, dagegen den Zuckerverbrauchern zur Last, und den Rübenzuckerproduzenten als reiner Gewinn in die Tasche fallen mußten. Denn, da der Centner Rübenzucker beinahe eben so billig herzustellen ist, als der Centner Rohrzucker, konnten die Rübenzuckerproduzenten nahezu die ganzen Zölle auf ihre Waaren schlagen, ohne die Konkurrenz der transatlantischen Zuckerproduzenten, und doch einen sehr beträchtlichen Theil von jenen 5 Thlr. Zoll, welche für zur inländischen Raffinerie bestimmten Rohrzucker erhoben werden, ohne die Konkurrenz der inländischen Raffinadeurs fürchten zu müssen.

Um diesem Mißverhältnisse einigermaßen abzuhelfen, und doch Etwas von den Zöllen zu lukriren, wurde die Rübensteuer eingeführt.

Nach dem Zollvertrag vom 8. Mai 1841 betrug dieselbe 10 Sgr. vom Zollcentner; demnach blieb dem rohen Rübenzucker noch ein Schutz von 4⅔ Thlr. Dies betrug etwa 36% des inländischen Preises. Die Rübenzuckersteuer wird bekanntlich von den rohen Runkelrüben erhoben; man nimmt an, daß 20 Ctr. derselben 1 Ctr. Rohzucker geben. (Beiläufig gesagt, trifft dies bei der heutigen technischen Vervollkommung dieser Industrie nicht mehr zu; vielmehr gewinnt man jetzt 6—7 bis

11 Ctr. festen krystallinischen Zucker aus 100 Ctr. Rüben.) Im J.
1844 erhöhte man die Steuer auf $1\frac{1}{2}$, 1850 auf 3, 1853 auf 6,
1858 auf $7\frac{1}{2}$ Sgr. vom Centner Rüben, so daß
bei 5% Zuckergewinn die Steuer pro Ctr. Rübenrohzucker betrug:

Im Jahre 1844 : 1 Thlr.

„ „ 1850 : 2 „

„ „ 1853 : 4 „

„ „ 1858 : 5 „

Bei 7% Zuckergewinn dagegen nur:

Im Jahre 1844 : $22^6/_7$ Sgr.

„ „ 1850 : 1 Thlr. $15^5/_7$ „

„ „ 1853 : 3 „ $1^3/_7$ „

„ „ 1858 : 3 „ 17^1_7 „

Bei $7^1/_2$ % Zuckergewinn beträgt also seit 1858 der Schutz, den der
Roh-Rübenzucker genießt, immer noch 1 Thlr. $12^1/_7$ Sgr.; noch weit
höher aber stellt sich der Schutz, welcher die Raffinade von Rübenzucker zugleich mit dem aus inländischen Raffinerieen hervorgehenden
Rohzucker genießt.

Trotz der — nach der Meinung der Rübenzuckerfabrikanten — er-
drückend hohen Besteuerung des Rübenzuckers hat doch dessen Fabrikation immer mehr zu- und die Einfuhr von Kolonialzucker immer
mehr abgenommen.

Im Jahre 1838, ja bis zum Jahre 1850, wurden noch etwa
$1^1/_4$ Millionen Ctr. Kolonialzucker im Zollverein eingeführt; im Jahre
1860 betrug diese Einfuhr kaum 240,000 Ctnr. Dagegen wurden
von zollvereinsländischen Fabriken i. J. 1837 erst etwa 25,346 Ctr.
i. J. 1859 aber gegen $2^1/_2$ Millionen Ctr. Rübenzucker erzeugt.

Noch hat keine der mehrfachen Rübensteuererhöhungen eine Verminderung der Rübenproduktion zur Folge gehabt; vielmehr sehen
wir dieselbe in fortwährendem Wachsthum begriffen, während der
Zuckerverbrauch im Zollverein sich nur sehr allmälig von 5. 55 Pfd.
i. J. 1847 auf 8 Pfd. i. J. 1859 erhoben hat.

Nimmt man den Rübenzuckergewinn zu 7 Proc. an, so wurden
in den Jahren von 1841 — 1859: 19,457,980 Ctr. Rübenrohzucker

erzeugt. Hätte man diese Masse gegen 5 Sgr. Zoll vom Auslande bezogen, so hätte man an Steuer . . . . 97,289,900 Thlr. eingenommen; man nahm aber nur ein an Rüben-steuer netto . . . . 39,442,134 „ Man opferte also . . . . 57,847,766 Thlr. der inländischen Rübenzuckerindustrie. Dieser Betrag ist das Schutz-Plus. In wessen Tasche kam diese beträchtliche Summe? Wurden davon etwa arme Arbeiter in armen Gegenden massenhaft unterhalten? Aus d i e s e m Gewinn wurden Arbeiter gar nicht bezahlt; die Arbei-terlöhne stecken nicht in dem Schutzplus. Dieses kam vielmehr seinem vollen Bestande nach in die Tasche von durchschnittlich etwa zweihundert Zuckerfabrikanten des Zollvereins.

Hätten die Staatskassen jene 58 Millionen Thaler nicht einge-büßt, so hätte dagegen eine andere Steuer, vielleicht die S a l z s t e u e r, bedeutend ermäßigt werden können.

Die preußische Staatskasse opferte dem Gedeihen der inländischen Zuckerfabrikation im Jahre 1846 etwa drei Millionen Thlr. In demsel-ben Jahre brachte die Salzsteuer in Preußen ohne Abzug der Erhebungs-kosten etwa 7¼ Millionen Thaler ein. Im gleichen Jahre wurden in Preußen für die Volksbildung aus der Staatskasse etwa 300,000 Thlr. verwendet. Ebensoviel, wie die Volksbildung, kosteten also dem Staate in jenem Jahre achtundsiebzig Rübenzuckerfabrikanten; über doppelt soviel, als diese Schooßkinder des Schutzzollsystems als künstlichen Nettoge-winn von dem Preise ihrer Waare auf Zinsen legen konnten, war, zum größten Theil von dem ärmsten Theile der Bevölkerung, durch die Salz-steuer aufzubringen.

Scheinbar, um dem Anbringen der öffentlichen Meinung einiger-maßen zu entsprechen, in Wirklichkeit aber, um die inländische Rüben-zuckerindustrie auch noch gegen die Gefahren der eigenen Konkurrenz zu schützen, haben die Zollvereinsregierungen durch Vertrag vom 25. April 1861 über eine Aenderung des Steuersystems sich vereinigt.

Eine preußische Denkschrift sagt über die Resultate dieser Ver-einbarung sehr bezeichnend: „Nach dem Ausfall geeigneter Nachfor-schungen darf mit Zuversicht angenommen werden, daß das Bestehen der Rübenzuckerfabrikation durch die vereinbarten Zollsätze nicht werde

4*

gefährdet werden, während der Einfluß dieser Sätze auf die Zoller-
träge sich mit einiger Sicherheit nicht voraussehen läßt."

Nach der Uebereinkunft beträgt seit dem 1. September 1861:

1) Der Eingangszoll von ausländischer Raffinade (Brod-,
Hut-, Kandiszucker), sowie von Bruch- oder Lum-
pen- oder weißem gestoßenen Zucker . . . . 7½ Thlr.

2) Der Eingangszoll für Rohzucker und Farin zum
Gebrauch . . . . 6 -

3) Der Eingangszoll für Rohzucker und Farin für inländische Raffinade . . . . 4½ -

4) Der Eingangszoll für Syrup . . . . 2½ -

Ferner sollen vom 1. September 1861 im größeren Handelsverkehr bei der Ausfuhr von Rübenzucker rückvergütet werden:

1) Für 1 Ctr. Brod-, Hut- und Kandis-, sowie
für den gestoßenen Hutzucker . . · . . 3 Thlr. 10 Ngr.

2) Für 1 Ctr. Rohzucker und Farin . . . . 2 - 22½ -

Wir sehen: in dieser Neuregulirung der Zuckersteuer sind dem volkswirthschaftlichen Interesse nur einige kärgliche Konzessionen gemacht.
Die Rübenzuckerproduktion im Zollverein ist auf dem Punkte an-
gelangt, daß sie die ausländische Konkurrenz verdrängt hat, und nun
die eigene zu fürchten anfangen muß. Das Zollschutzbedürfniß existirt
jetzt für sie nicht mehr in dem Maße, wie das Bedürfniß nach Aus-
fuhrerleichterungen. Nur mit Hülfe der Exportbonifikation kann sie
das Schutzzollmonopol noch gehörig ausnutzen. So lange der Zollschutz überhaupt noch besteht, ist die Exportbonifikation ein geeignetes
Mittel, den inländischen Markt soweit auszuräumen, daß seine Zucker-
preise sich der durch den Zollschutz bedingten Höhe möglichst nähern.
„Durch die Exportbonifikation" — sagt eine treffende Kritik der
neuen Vereinbarung — „ist ein Ventil für den Zuckerabfluß entstanden, durch den Zollschutz aber ist das entsprechende Ventil für den
Zuckerzufluß verschlossen. Das Resultat dieser künstlichen Einrichtung
ist eine Garantie möglichster Ausnutzung des Schutzmonopols trotz der
inländischen Konkurrenz. Die mittelbare Wirkung ist: eine geringere
Zuckerkonsumtion, als bei freier Bewegung statthaben würde — und
ein geringerer Ertrag der Zuckersteuer.

Aus diesen Gründen würde die Bewilligung einer Exportbonifikation für Rübenzucker nur unter der Bedingung gerechtfertigt sein,
wenn gleichzeitig der für Rübenzucker bestehende Zollschutz beseitigt
würde. Andernfalls wirkt dieselbe als Exportprämie. Da aber die
inländische Konkurrenz der Rübenzuckerproduktion bereits so stark ist,
daß sie die volle Ausnutzung des bisherigen Zollschutzes nicht zuläßt,
so können sich die Rübenzuckerfabrikanten eine kleine Herabsetzung des
Prohibitivzolles schon gefallen lassen, ohne davon eine neue Beein-
trächtigung zu befürchten."

Was diesen Zoll anlangt, so hat er auch nach der erfolgten Herabsetzung noch die Wirkung eines Prohibitivzolles.

Auf 100 Ctnr. Rübenraffinade fällt, wenn man den Raffinadegehalt des Rübenrohzuckers zu $82^1/_2$ Proc. annimmt, eine Rübensteuer
von $3^1/_3$ Thlr. Beim indischen Rohzucker berechnet man im Durchschnitt einen Raffinadegehalt von 87 Pfd.; ein Zoll von $4^1/_4$ Thlr.
per Ctnr. Rohzucker macht also 4 Thlr. 26 Ngr. per Ctnr. der daraus
gewonnenen Raffinade. Nach dem Zuckergehalt der beiden Rohzucker-
sorten ergibt sich also eine Differenz von 1 Thlr. 16 Ngr. per Ctnr. kry-
stallisirbaren Zuckers, oder von 1 Thlr. 10 Ngr. per Ctnr. Rohzucker.
Hiervon noch den Zoll für beim Raffiniren fremden Rohzuckers ent-
fallende 13 Pfd. Syrup abgezogen, berechnet sich bei einem Zoll von
$1^1/_4$ Thlr. per Ctnr. Rohzucker und einer Steuer von $7^1/_2$ Ngr. per
Ctnr. Zuckerrüben, ein Zollschutz für die Rübenzuckerproduktion von
1 Thlr. per Ctnr. Dies macht bei nur 33 Millionen Ctnr. jährlichen
Rübenverbrauches eine Summe von 3 Millionen Thlr. jährlich, welche
die Zuckerkonsumenten vermöge des Zollschutzes nicht dem Staate
etwa, sondern den Rübenzuckerproduzenten steuern.

Dies ist jedoch nur der eine Theil des Zollschutzes. Für die
Konsumtion eingeführter Rohzucker hat ja 6 Thlr. Zoll per Ctnr. zu
zahlen. Dies ist und bleibt eine Prohibition, die um so schlimmer ist,
da sie den Zuckerkonsumenten den Verbrauch von Rohzucker geradezu
abschneidet und sie zum Verbrauch von Raffinade nöthigt. Daher auch
unser niedriges Zuckerverbrauchs-Durchschnittsbetreffniß gegenüber
dem von England!

Rechnen wir den indischen Rohzucker an Gehalt der inländischen

Raffinade ungefähr gleich, so genießt der erstere der letzteren gegenüber auch nach den neuen Vereinbarungen noch einen Schutz von $2^2/_3$ Thlr. per Centner.

Bei diesem Stande der Sache kann man der Annnahme der preußischen Denkschrift wohl beipflichten, „daß das Bestehen der Rübenzuckerfabrikation durch die vereinbarten Zollsätze nicht werde gefährdet werden."

Aber nach wie vor stehen die Zollvereinspreise weit über denen der Weltmarktpreise; nach wie vor muß das Plus von den Zucker-Verbrauchern gezahlt werden; nach wie vor fällt ein wesentlicher Theil von diesem Plus nicht in die Staatskasse, sondern in die der Rübenzuckerprobuzenten.

Die Resultate des neuesten Systemes lassen sich in folgende Zahlen fassen:

Es betrug die Einfuhr von ausländischem Zucker:

1. April bis 31. März	Hutzucker	Rohzucker	Rohzucker für Siedereien	Syrup
1858—59	Ctr. 1703	275	497,505	54,439
1859—60	„ 1408	225	179,679	52,161
1860—61	„ 1478	303	74,628	73,579
1861—62	„ 2141	398	203,515	99,477

Die Rübenzuckerprobuktion:

	Versteuerte Rüben	Daraus gewonnenen Zucker *)
1858—59	Ctr. 36,096,133	3,281,468
1859—60	„ 31,969,543	3,179,048
1860—61	„ 29,563,645	2,687,603
1861—62	„ 32,089,872	2,917,261

Die Zoll- und Steuererträge waren:

	Eingangszoll	Rübenzucker-Steuer	Davon ab Export-Bonifikation	Bleibt Rest
1858—59	Thlr. 2,662,206	8,989,015	338,609	11,313,312
1859—60	„ 1,070,768	8,742,385	339,897	9,410,257
1860—61	„ 611,577	7,390,908	183,600	7,818,886
1861—62	„ 1,170,516	8,022,467	177,210	9,015,773

Der für die Exportbonification des Jahres 1861—62 angenommene Betrag umfaßt ebensowohl die Bonifikation für exportirten indischen Zucker, wie die für exportirten Rübenzucker. Das „Preußische Handelsarchiv" verzeichnet den ersteren dieser Beträge mit Thaler 141,543. Bleibt also für den letzteren ein Rest von nur **35,667** Thlr.

---

*) Nach dem Satze von 11 Ctr. Rüben = 1 Ctr. Rohzucker.

Diese Summe entspricht einem Export von **12,96** Ctnr. Rohzucker. Ein Export von noch nicht 13,000 Ctnr. Rübenzucker in den ersten 7 Monaten nach der Einführung der so lange eifrigst ersehnten Exportbonifikation — bei einer Vermehrung der Rübenzuckerproduktion um 8 Proc. gegen das Vorjahr (ca. 230,000 Ctnr. Rübenrohzucker), und gleichzeitiger Vermehrung der Einfuhr von Rohzucker für Siedereien um ca. 129,000 Ctnr. — ein so unbedeutendes Resultat entspricht vollständig den Erwartungen, welche einsichtige Beobachter stets von dieser Maßregel gehegt haben. Zugleich beweisen auch alle Zahlen des letzten Jahres, daß die große Abnahme der Rübenzuckerproduktion in den beiden Jahren 1859—60 und 1860—61, bei gleichzeitiger Abnahme der Einfuhr von Rohzucker für Siedereien, nur die nothwendige Folge der vorhergegangenen Ueberführung des Zollvereinsmarktes mit Zucker war, daß aber diese-Ueberführung schon vor dem Inkrafttreten der Rübenzucker-Exportbonification aufgehört hatte. Rechnet man 3 Ctnr. Raffinade = 4 Ctnr. Rohzucker, so betrug der Import von ausländischem Zucker, nach Abzug der exportirten Raffinade, im J. 1858 bis 59: ca. 422,000 Ctnr., 1859—60: 104,000 Ctnr., 1860—61: ca. 35,000 Ctr., 1861—62: ca. 235,000 Ctnr. Rechnet man dazu die Produktion von Rübenzucker (nach Abzug des Exports im letzten Jahre) so kamen auf den Zollvereinsmarkt (auf Rohzucker reducirt): 1858—59: ca. 3,704,000 Ctnr., 1850—60: ca. 3,283,00 Ctnr., 1860—61: ca. 2,722,000 Ctnr., 1861—62: ca. 3,080,000 Ctnr., Das letzte Jahr bleibt nur um ca. 100,000 Ctnr. hinter dem Durchschnitt der vier Jahre 1858—62 zurück; man kann also wohl annehmen, daß die Versorgung des Zollvereinsmarktes mit Zucker wieder ihr natürliches Niveau erreicht hat — und zwar, ohne daß irgend eine der neuen Zoll- und Steuerbestimmungen, welche mit dem 1. Sept. in Kraft getreten sind, darauf von erheblichem Einfluß gewesen ist. Nur die Einfuhr von Rohzucker für Siedereien ist, in Folge der Zollherabsetzung, nennenswerth gewachsen, aber doch immer noch weniger als die Rübenzucker-Produktion.

Und in ähnlicher Weise unbedeutend wird die finanzielle, in ähnlicher Weise bedenklich die volkswirthschaftliche Wirkung jedes Systemes sein, welches nicht geradeeweges darauf los geht, den Zuckerzoll zu einer ergiebigen Finanzquelle zu machen, sondern gleichzeitig erreichen will, was sich gleichzeitig nicht erreichen läßt — nämlich den Schutz der inländischen Zuckerindustrie, und ein glänzendes Ergebniß der Zuckerbesteuerung u. bezügl. Zuckerverzollung.

IV.

Die Mängel der Zollvereins-Organisation.

Der Zollverein ruht auf völkerrechtlichen Verträgen zwischen souverainen Staaten. Bei seiner Gründung ging man von der Voraussetzung aus, daß die wirthschaftlichen Verhältnisse der verbundenen Staaten so gleichartig seien, daß sie eine einheitliche Zoll-Gesetzgebung und Verwaltung nicht nur vertragen würden, sondern derselben sogar nicht entbehren könnten; die Verträge schaffen daher aus den verbundenen Staaten ein wirthschaftlich-einheitliches Gebiet. Der Zollverein ist, hingesehen auf seine Ziele und Zwecke, und im Bewußtsein seiner Bevölkerung, ein Bundesstaat, und, wenn er das nicht von Anfang an war, so ist er es im Laufe der Jahrzehnte seines Bestehens geworden. Rechtlich aber ist er ein Staatenbund — ein Staatenbund für wirthschaftliche Zwecke. Der bundesstaatliche Inhalt ist in eine staatenbundliche Form gelegt. In dieser Verschiedenheit zwischen dem thatsächlichen und dem juristischen Charakter des Vereins liegt sein größter Mangel; die Stagnation der Zollvereins-Gesetzgebung, die Schwerfälligkeit der handelspolitischen Bewegung des Vereins hat lediglich hier ihren Grund. Es giebt gemeinsame Interessen — es giebt aber keine gemeinsame Vertretung. Es giebt ein gemeinsames und einheitliches Gebiet — aber es giebt keine einheitliche Leitung. Es besteht das gerechtfertigte Mißtrauen zwischen den Kontrahenten, daß jede beantragte, wenn auch noch so gemeinnützige Maasregel, doch nur auf das Partikular-Interesse des antragstellenden Staates berechnet sei; sofort treten dagegen andere Sonderinteressen in die Schranken — und alsbald ist die Verhand-lung in den Bahnen des Feilschens um Zugeständnisse und Gegenzu-

geständnisse. Wie wenig wirklich Gemeinnütziges auf diesem Wege ge=
fördert werden kann, erhellt auf den ersten Blick. Die Geschichte einer
einzigen Generalzollkonferenz deckt die ganze Blöße des widernatürli=
chen Systems auf.

Auf der Eisenacher Generalkonferenz v. J. 1856— 57 z. B. war
von Preußen der Vorschlag gemacht worden, für alle Tabakländereien
im Zollverein eine und dieselbe Produktionssteuer, und zwar in Höhe
von 10 Thlr. für den Morgen, einzuführen, ferner den Zoll für den
Ctnr. fremden Roh=Tabaks auf 6 Thlr. zu erhöhen. Es erwartete von
dieser Maasregel, wodurch der inländische Tabak mit 1 Thlr. 10 Sgr.
per Centner belastet werden würde, eine jährl. Mehr=Einnahme von
1½ Millionen Thaler. Dagegen erhoben sich Bayern, Würtemberg,
Baden und Kurhessen, welche das Tabaksmonopol eingeführt zu sehen
wünschten, ferner Sachsen und Meiningen und Baden mit Rücksicht
auf den inländischen Tabacksbau; endlich stimmten Bayern, Würtemberg,
Sachsen, Kurhessen, Großh. Hessen, Thüringen, Oldenburg, Braun=
schweig, Nassau und Frankfurt bedingungsweise den preuß. Vorschlä=
gen bei. Allein Hannover widersprach jeder Erhöhung des Eingangs=
zolles für rohen Tabak. Es blieb beim Alten, — obwohl allgemein
das Bedürfniß einer Reform der Tabaksbesteuerung anerkannt wurde.

Ferner blieb auf eben dieser Generalkonferenz die Frage wegen Er=
mäßigung des Weinzollrabattes, welche Bayern, Würtemberg, Baden,
Hessen, Nassau und Frankfurt befürworteten, unerledigt, weil Preußen,
Sachsen, Hannover, Braunschweig und Oldenburg widersprachen.

Ferner wurde, weil Preußen opponirte, die von Bayern und
Würtemberg vorgeschlagene Befreiung aller außerdeutschen, zum Ver=
brauch im Vereinsgebiete bestimmten Erzeugnisse vom Rheinzoll auch
für die Strecke von Emmerich bis Coblenz, nicht durchgesetzt.

Bayern und Baden beantragten eine Ermäßigung der Ueber=
gangsabgaben auf Wein, Weinmost und Tabak. Preußen widersprach,
weil die süddeutschen Regierungen sich der von ihm gewünschten Er=
mäßigung der Eisenzölle widersetzten. Und wiederum — weil Preußen
sich der Ermäßigung der Uebergangsabgaben widersetzte, ging Bayern
auf die in Eisenach von Preußen, Hannover und Oldenburg wieder=
holten Anträge wegen Ermäßigung der Eisenzölle nicht ein. Die letzt=

genannten drei Staaten stellten diese Anträge denen gegenüber, welche
Sachsen, Bayern, Würtemberg und Baden auf veränderte Tarifirung
der Gewebe und Gespinnste richteten. Endlich kam auf dieser Konferenz die Ermäßigung des Syrupzolles und die Aufhebung der Durch-
gangs-Abgaben zur Sprache. Die in diesem Betreff gestellten Anträge
scheiterten, wie fast alle anderen auf der gedachten unglücklichen Konferenz gemachten Reform-Vorschläge — am Partikularismus einzelner
Zollvereinsstaaten.

Gewiß — in allen den in Eisenach zur Sprache gekommenen
Partieen der Zollgesetzgebung waren Reformen im öffentlichen Interesse bringend geboten. Allein das allgemeine Interesse ist
für die Beschlüsse der Zoll-Konferenzen nicht maasgebend; es ist nur
zufällig, wenn dasselbe bei diesen Beschlüssen einmal durchschlägt; ein
solcher glücklicher Zufall wird sich nur da ereignen, wo es sich um
durchweg minderwichtige Fragen handelt, oder, wo das Sonderinte-
resse einer Mehrzahl von Regierungen zufällig einmal zusammentrifft,
die anderen aber es an der gewohnten Wachsamkeit für ihre Sepa-
ratinteressen zufällig einmal fehlen lassen.

Die Verhandlungen der Konferenzmitglieder haben selbstverständlich durchweg den Charakter der diplomatischen Unterhandlung. Es gilt, sich die etwaigen Widersprüche der Mitkontrahenten,
oder Einzelner von ihnen, vor Einbringung eines Antrages zu vergegenwärtigen; es gilt, dieselben durch Konzessionen, die möglichst werthvoll
geschildert werden müssen, zu beschwichtigen, oder sie gleich bei der
Motivirung dessen, was man durchsetzen will, möglichst zu entwaffnen;
es gilt, das eigene Interesse an Vorschlägen, die man macht, möglichst
zu verbergen, und, nicht etwa die allseitige volkswirthschaftliche Bedeutung — denn das würde nur Sonderinteressen wecken — sondern
die finanziell günstige Wirkung der vorgeschlagenen Aenderungen in ein möglichst helles Licht zu stellen.

Es liegt auf der Hand, daß auf diesem Wege von einer prinzip-
mäßigen und konsequenten Fortentwicklung namentlich des Zollvereinstarifs, aber auch der sonstigen Zollvereinseinrichtungen, nicht die
Rede sein kann, daß bei dieser Art der Behandlung wirkliche Reformen reine Zufälligkeiten, und, da die Bedingungen, unter denen solche

Zufälle sich ereignen können, bei der gegenseitigen Wachsamkeit und bei dem gegenseitigen Mißtrauen der Kontrahenten sehr selten zusammentreffen, sehr seltene Zufälligkeiten sind.

Wie armselig die Reformen sind, welche auf diesem Wege der Zollvereinstarif seit achtundzwanzig Jahren erfahren hat, möge aus der nachfolgenden Gegenüberstellung der in dieser Zeit bewirkten Tarif-Ermäßigungen und Tariferhöhungen erhellen:

Es beschränkten sich nämlich in den nachbenannten Tarifperioden die Ermäßigungen von Zollsätzen auf folgende Artikel und folgende Beträge:

	1834 bis 1836	1837 bis 1839	1840 bis 1842	1843 bis 1845	1846 bis 1848	1849 bis 1851	1852 und 1853	1854 bis 1855	1857 bis 1859	1860 bis 1862
	Thlr.	Thlr.	Thlr.	Thlr.	Thlr.	Thlr.	Thlr.	Thlr.	Thlr.	Thlr.
Kupfer	1/2	frei	.	.	.	.	.	.	.	.
Eisenblech, schwarzes	3 1/2	3	.	.	.	.	.	.	.	.
Weiße Seife	3 1/3	3 1/3	.	.	.	.	.	.	.	.
Zucker	11. 9. 5	10. 9. 5	.	.	.	.	.	.	.	7 1/2. 6. 4
Syrup	5	4	.	.	.	.	.	4. 2	.	2 1/2
Kaffee	6 1/3	6 1/2	.	.	.	.	.	5	.	.
Kakao	6 1/3	6 1/2	.	.	.	.	.	.	6 1/2	.
Gewürze	6 1/3	6 1/2	.	.	.	.	.	.	6 1/2	.
Droguen-waaren	3 1/3	3 1/3	.	.	.	.	.	.	.	.
Grobe Zink-waaren	3 1/3	3 1/3	.	.	.	.	.	.	.	.
Kurz-Waaren	55	50	.	50. 100	.	.	.	.	.	.
Franzbrannt-wein	8					16	.	8	.	.
Tabaksblät-ter	5 1/2						.	4	.	.
Thee	11						.	8	.	.
Wein in Fässern	8						.	6	.	.
Talg	3						.	.	2	1
Mühlenfabri-kate	2						.	.	1/2	.
Oel(Baumöl)	1 1/3				1 1/3		.	.	.	.
Gemaltes Porzellan	55	50	.	.	.	.	.	.	.	.

Diesen, ebensowohl in Betreff der Gegenstände, wie hingesehn auf die Sätze sehr unwesentlichen Ermäßigungen gegenüber (bei Kurz-Waaren und Franzbranntwein war sogar zeitweise eine beträchtliche

Erhöhung eingetreten) stehen die folgenden, ebensowohl den Artikeln nach, wie in den Sätzen sehr wesentlichen Tarif=Erhöhungen gegenüber:

	1834 bis 1836	1837 bis 1839	1840 bis 1842	1843 bis 1845	1846 bis 1848	1849 bis 1851	1852 bis 1853	1854 bis 1856	1857 bis 1859	1860 bis 1862
	Thlr.	Thlr.	Thlr.	Thlr.	Thlr.	Thlr.	Thlr.	Thlr.	Thlr.	Thlr.
Leinenzwirn	1	2	.	.	.	.	.	.	.	.
Weißblech	3⅓	4	.	.	.	.	.	.	.	.
Eisendraht	3⅓	6	.	.	.	.	.	.	.	.
Gef. Baumwollengarn	6	8	.	.	.	.	.	.	.	.
Gef. Wollengarn	6	8	.	.	.	.	.	.	.	.
Gef. Seide	6	8	.	.	.	.	.	.	.	.
Seidengarn	6	8	.	.	.	.	.	.	.	.
Halbseidene Borten	55	.	.	11	.	.	.	100	.	.
Feine Zinkwaaren	2⅓	.	10	.	.	.	.	.	.	.
Cigarren	11	.	.	.	15	20	.	.	.	.
Eisenwaaren	1	.	.	1½ 2½ 3	.	.	.	.	.	.
Feine kurze Waaren	55	.	50	100	.	.	.	.	.	.
Wollenwaaren	30	.	.	30. 50	.	.	.	.	.	.
Roheisen	.	.	.	.	⅓	.	.	.	.	.
Handschuhe	22	.	.	.	44	.	.	.	.	.
Franzbranntwein	8	.	.	.	16	.	.	.	.	.
Tapeten	10	.	.	.	20	.	.	.	.	.
Twiste	2	.	.	.	3	.	.	.	.	.
(Maschinen=)Leinengarn	⅙	.	.	.	2	.	.	.	.	.
Leinenwaaren	2. 11. 22. 55	.	.	.	4. 20. 30. 60	.	.	.	.	.
Korbflechterwaaren	3	.	.	.	.	10	.	.	.	.
Fourniere	½. 3	.	.	.	.	1. 10	.	.	.	.
Bast= und Strohhüte	10. 50	.	.	.	.	50	.	.	.	.
Wachstaffet	5	.	.	.	.	11	.	.	.	.
Mühlsteine	½	.	.	.	.	3	.	.	.	.
Gummiwaaren	8	.	.	.	.	10. 22	.	.	.	.
Lichte	4	.	.	.	.	6	.	.	.	.
Hefen	8	.	.	.	.	11	.	.	.	.

Ein Blick auf die vorstehenden beiden Tabellen wird dem Kundigen ein deutliches Bild von der Principlosigkeit der Handelspolitik des Zollvereins geben. Wenn überhaupt von einer Konsequenz in den daraus ersichtlichen Tarifänderungen die Rede sein kann, so zeigt sich dieselbe nur in der fortwährenden Hinneigung nach Erhöhung des Zollschutzes für Manufakten — bei gleichmäßiger Ermäßigung der reinen Finanzzölle. Es wurden

in der Tarifperiode	ermäßigt	dagegen erhöht die Zölle für
1837—1839	Kupfer, Eisenblech, Seife, Zucker, Syrup, Kaffe, Kakao, Gewürze, Droguen, Grobe Zinkwaaren, Kurzwaaren, Porzellan	Leinenzwirn, Weißblech, Eisendraht, Gef. Baumw.= u. Wollengarn, gef. Seide, Seidengarn.
1840—1842		Feine Zink= und Kurz= waaren.
1843—1845	Kurze Waaren	Seidengarn. Cigarren, Eisenwaaren, feine Kurzwaaren, Wollenwaaren, Roh= eisen
1846—1848	Franzbranntwein, Baumöl	Haubschuhe, Franzbranntwein, Tapeten, Twiste, Leinengarn, Leinenwaaren.
1849—1851		Cigarren, Korbflechter= waaren, Fourniere, Bast= u. Strohhüte, Wachstaffet, Mühlsteine, Gummiwaa= ren, Lichte, Hefen.
1852 u. 1853	Kaffee, Franz= branntwein, Tabaks= blätter, Thee, Wein in Fässern.	
1854—1856	Syrup, Talg, Müh= lenfabrikate	Halbseidene Borten.
1857—1859		
1860—1862	Zucker, Syrup, Talg.	

Unter den Artikeln der rechten Spalte sind die meisten solche, bezüglich deren der freihändlerische Norden gewichtige Konzessionen, unter denen der linken Spalte solche, bezüglich deren der schutzöllnerische Süden dürftige Gegenkonzessionen gemacht hat. Aus Konzessionen und Gegenkonzessionen sind einige magere Verbesserungen und viele starke Verschlechterungen des Tarifs entstanden — das ist das Werk einer bald dreißigjährigen Arbeit widerstrebender Elemente — einer Arbeit, an der die besten Kräfte im Hinüber= und Herübermarkten, in Wahrung und Bekämpfung von Sonderinteressen vergeudet worden sind!

Nach dem, bekanntlich dem Zollvereinstarife zum Grunde gelegten, damals freisinnigen preußischen Tarife von 1818 sollte die von fremden Waaren bei deren Verbleiben im Lande zu erhebende Verbrauchsteuer bei Fabrik- und Manufakturwaaren des Auslandes zehn vom Hundert des Durchschnittspreises in der Regel nicht übersteigen, aber überall da geringer sein, „wo es unbeschadet der inländischen Industrie geschehen kann."

Aus den obigen Gegenüberstellungen geht deutlich hervor, daß der Zollvereinstarif sich von diesem Ziele immer mehr entfernt, statt sich ihm genähert hat. Derjenige Theil des Tarifes, welcher durch Einfuhrzölle von höchstens 10°/₀ des Werthes der inländischen Gewerbsamkeit einen Schutz gewähren sollte, hat eine Ermäßigung gar nicht, dagegen zahlreiche und erhebliche Erhöhungen erfahren; durch eine ursprünglich nur als provisorisch betrachtete, später aber nicht wieder zurückgenommene Zollerhöhung für sogenannte Halbfabrikate (Twist, Eisen), ist ein Theil der Produktion zu Gunsten eines anderen, erhöhten Steuern unterworfen worden.

Aber sind etwa die im Tarif noch an der alten Stelle stehenden Zollsätze, diejenigen, welche der Erhöhung durch Beschluß der Generalkonferenzen glücklich entgangen sind, auch in Wirklichkeit noch die alten Sätze?

In Folge der gerade in den letzten dreißig bis vierzig Jahren vor sich gegangenen enormen Preisermäßigung, namentlich der Fabrikate, werden zahlreiche Artikel durch den gegenwärtigen Tarif gänzlich prohibirt, ist das Maximum der Zollsätze von 10°/₀ des Werthes fast durchweg zur Fabel geworden.

Der Durschnittspreis der Baumwollenwaaren I. Classe betrug vor der jetzt zeitweilig in Folge des Baumwollenmangels eingetretenen Theurung 46 Thlr., der Baumwollenwaaren III. Classe 222 Thlr., der der Wollenwaaren III. Classe beträgt 220 Thlr. pro Ctr. Der gegenwärtige für diese Artikel geltende Zollsatz von 50 Thlr. pro Ctr. beträgt also 109, 22½ und bezüglich 23°/₀ des Durchschnittspreises. Der gegenwärtige Zollsatz von 3 Thlr. pro Ctr. für Winkeleisen, dessen Durchschnittspreis sich auf 3. 9 Thlr. pro Ctr. stellt, beträgt 77°/₀, für Eisenbleche und Platten, bei 4. 7 Thlr. Durchschnittspreis: 63. 8°/₀!

Wäre eine solche Abweichung von den obersten Grundsätzen, welche der Zollverein seiner Zeit als die leitende Richtschnur seiner Handelspolitik betrachtete, denkbar gewesen, wenn die gesetzgebenden Organe des Vereins durch die Organisation des letzteren veranlaßt worden wären, das Gesammtinteresse der Vereinsbevölkerung als maaßgebend für ihre Entschließungen zu betrachten — anstatt daß sie bei der bestehenden Organisation des Vereins sich vielmehr gegenseitig jeden Aufschwung verkümmern, sich zu jedem Reformversuche die Hände binden müssen?

Aus dem vornehmlichsten Mangel der Zollvereins-Organisation, welchen man kurz mit den Worten bezeichnen kann: „die formalen Mittel entsprechen nicht den materialen Zwecken," und welcher darin besteht, daß er ein völkerrechtliches, ein staatenbundliches Institut ist, wo nur eine bundesstaatliche Verfassung frommen kann, daß weder die Machtverhältnisse der einzelnen Mitglieder, noch die wirthschaftlichen Gesammtinteressen dabei jemals zur Geltung kommen können — hieraus entspringen alle anderen Mängel dieses Institutes, vor Allem der große und tiefeinschneidende Mangel der Beständigkeit.

Zwar das Bedürfniß eines einheitlichen großen Zollgebietes ist in der Zollvereinsbevölkerung im Laufe der Zeit so mächtig geworden, daß man wohl nicht mit Unrecht die Wiedereinführung der Binnenzollgrenzen für eine baare Unmöglichkeit ansieht, und allgemein annimmt, eine etwa durch politische Erwägungen von Seiten einzelner ZollvereinsRegierungen freventlich herbeigeführte zeitweilige Lösung der thatsächlich im Zollvereinsgebiet bestehenden wirthschaftlichen Gemeinschaft werde auf den größten und lautesten Widerspruch der gesammten öffentlichen Meinung stoßen, ja vielleicht das Signal zu thatsächlichen und gewaltsamen Meinungsäußerungen werden; sie werde jedenfalls nur zeitweilig durchgeführt werden können; das wirthschaftliche Interesse der Bevölkerungen sei stärker, als die Macht irgend welcher Vereinsregierung. Zwar haben wir schon einmal erlebt, daß der Zollverein gekündigt ward, und daß er trotz der Kündigung ohne sonderliche Mühe vom Neuen zu Stande kam, — aber, wenn auch wirklich sichere Garantieen vorhanden sind, daß Verträge, wie die Grundverträge des Zollvereins, obwohl sie den Kontrahenten von zwölf zu zwölf Jahren den Austritt freistellen, nicht wieder aufgelöst, oder daß wenigstens die durch diese Verträge geschaffene wirthschaftliche Einheit nicht wieder in eine Vielheit aufgelöst werden kann — ein trostloser Zustand der Unsicherheit wird durch dieses „Vertragschließen auf Zeit" immerhin erzeugt, und — die Furcht vor der Kündigung, die Furcht vor den Binnengrenzen mag ungegründet sein — aber sie besteht; sie hat sich noch jedes Mal in den drei Vertragsperioden wiederholt; sie hat noch jedesmal wirthschaftliche Unternehmungen gelähmt und zurückgehalten, die ihrer Natur nach auf viele Jahre hinaus und auf ein für viele Jahre gesichertes Absatz- und Bezugs- Gebiet berechnet sein müssen.

Diese Furcht — aus unzähligen Kundgebungen geht es unzweideutig hervor — ist auch jetzt wieder, und stärker als je, in den Gemüthern erwacht, und hält auch jetzt wieder, und stärker als je, den Unternehmungsgeist gefangen.

So lange die rechtliche Möglichkeit der Auflösung des Vereins überhaupt besteht, mögen die Thatsachen, mit denen man jedem Zweifel an dem Fortbestande desselben begegnen kann, noch so mächtig sein — jede Ablaufsperiode erzeugt eine industrielle und merkantile Krisis — und jede solche Krisis bringt unsere Industrie und unsern Handel um Jahre zurück. Dies umsomehr, wenn die Lage der Dinge, wenn die Beziehungen der Vereinsregierungen zu einander in der Periode, wo die Kündigungen erfolgen müssen, zu besonderen Bedenken Anlaß geben. Und es ist nicht nur eine Zufälligkeit, sondern es ist eine konsequente Folge der Mängel der Organisation des Vereins, daß bisher noch jede Ablaufsperiode der Zollvereinsverträge sich als eine eigentliche Zollvereins-Krisis dargestellt hat.

Souveraine Staaten, wenn sie es für nöthig halten, im Vollbesitz ihrer Machtvollkommenheit zu bleiben, dürfen sich nicht für alle Ewigkeit binden. Sie können sich in ihrer freien Verfügung über einen so wesentlichen Theil der Gesetzgebung und Verwaltung, in Angelegenheiten, die mit dem Wohl und Wehe des Staates so enge verbunden sind, wie die Zoll- und Handels- Angelegenheiten, nicht für alle Zeit einschränken lassen.

Daher ist denn auch die Unbeständigkeit des Zollvereins, die Unsicherheit der Unternehmungen, welche auf das einheitliche Wirthschafts-

gebiet berechnet sind — eine nothwendige Folge der völkerrechtlichen
Form jenes Vereins.

Und ebenso ergiebt sich als Folge der rein völkerrechtlichen Form
des Vereins auch der weitere Mangel, oder die Anomalie daß, wäh=
rend im übrigen die Legislative in den Zollvereinsstaaten nach kon=
stitutionellen Grundsätzen geregelt ist, in Betreff einer der wichtigsten
öffentlichen Angelegenheiten — der Zoll= und Handelsangelegenheiten
— die gesetzgebende Gewalt thatsächlich ausschließlich den Regierungen
zusteht.

Wir halten es unter den gegebenen Umständen nicht etwa für
einen Mangel, daß die verschiedenen Volksvertretungen der Zollvereins=
staaten die Beschlüsse der Generalkonferenzen als fait accompli hin=
nehmen müssen; denn bei der bestehenden Organisation des Zollver=
eins würde an das Zustandekommen eines Zollgesetzes überhaupt nicht
zu denken sein, wenn die Beschlüsse der Regierungen auch noch der
materiellen Prüfung und Genehmigung der Volksvertretungen unter=
liegen, wenn die Kompetenz der letzteren in Zollangelegenheiten weiter
ausgedehnt werden sollte, als bis zur formellen Sanktion.

Aber daß die Organisation des Zollvereins eine thatsächliche Mit=
wirkung von eigentlichen Vertretern der Zollvereinsbevölkerung nicht
zuläßt, das ist ohne Zweifel einer ihrer größten Mängel.

Dem Mangel einer solchen Mitwirkung ist es zuzuschreiben, daß
wir in den dreißig Jahren des Bestehens des Zollvereins in unserer
Handelspolitik fast nur Rückschritte gemacht haben; diesem Mangel ist
es zuzuschreiben, daß diese Handelspolitik so vielfach zwar die deut=
lichsten Spuren der Beeinflussung durch eigennützige Interessenten
an sich trägt, daß sie aber dem gemeinsamen Interesse der eigentlichen
Zoll = und Handelsinteressen, der Masse der Verbraucher, der Besteu=
erten, so äußerst wenig entspricht.

V.

Die gegenwärtige Krisis des Zollvereins.

Wer irgend die im vorigen Abschnitte geschilderten Mängel der Organisation des Zollvereins in ihrer ganzen Bedeutung zu würdigen versteht, und wem es nicht entgangen ist, wie sehr gerade während der jetzigen Periode der Vereinsverträge die Kluft zwischen den handelspolitischen Anschauungen der preußischen und denen einiger süddeutschen Regierungen gewachsen ist, der wird sich der Täuschung nicht hingeben, daß der bevorstehende Ablauf der dritten Vereinsperiode ohne jegliche Krisis vorübergegangen, daß der Zollverein unvermerkt in sein viertes Duodezimat hinübergeschlüpft sein würde, wenn nicht äußere Einflüsse den Frieden zwischen den Vereinsstaaten zerstört hätten.

Es dient zur Klärung der Situation, daß man sich die Unvermeidlichkeit der jetzigen Krisis allerseits vergegenwärtigt, und daß man den Streit über den deutsch-französischen Handelsvertrag und über die Zolleinigung mit Oesterreich nur als mehr oder minder zufällige Erscheinungsformen derselben auffaßt.

Neben den allgemeinen, für alle seine Glieder empfindlichen Mängeln hat der Zollverein in seiner jetzigen Organisation noch Mängel, die keiner der übrigen Genossen so schwer empfinden kann, als die Großmacht Preußen.

Denn daß diese Organisation der Verschiedenheit der realen Machtverhältnisse der Genossen in keinerlei Weise gerecht wird, darüber sich verletzt zu fühlen, haben diejenigen Staaten keine Ursache, bei denen, wie bei den deutschen Mittel- und Kleinstaaten, von einer solchen Verschiedenheit kaum die Rede ist, bei denen sich die Unterschiede in der Größe des Staatsgebietes höchstens um einige hundert Quadratmeilen und in der Bevölkerungszahl höchstens um einige Millionen Einwohner drehen. Wenn ein bayrischer Vorschlag an dem Widerspruche Oldenburgs oder Nassau's scheitert, so ist dies, vorausgesetzt, der Vorschlag hätte es auf eine wirkliche und nothwendige Reform abge-

sehen, sehr bedauerlich; aber es ist im Entferntesten nicht so widerna-
türlich, als wenn Preußen sich einem Widerspruche Bayerns, oder
Würtembergs fügen muß. Und, wenn die bayrischen oder würtembergischen Kammern in allen Zollangelegenheiten mundtodt gemacht
sind, so ist das gewiß ein Uebelstand, aber es ist noch lange keine so
große Anomalie, als wenn der preußischen Volksvertretung, wenn den
Repräsentanten einer Bevölkerung von über 18 Millionen Köpfen nur
die Wahl gelassen ist zwischen einem permanenten Kriege mit ihrer
Regierung, oder der Nöthigung der letzteren zur Vertragsbrüchigkeit
einer- und der „Enbloc-Annahme" der Zollvereinsvorlagen andererseits.

Gerade in der noch laufenden Vertragsperiode haben in Preußen Regierung und Volksvertretung unter solchen Anomalieen so em-
pfindlich zu leiden gehabt — wir erinnern nur an die Eisenzollfrage,
— daß nicht anzunehmen war, dieser Großstaat werde sich noch einmal auf zwölf Jahre die Hände mit den alten Fesseln binden lassen.

Ueberdies ist gerade in dieser letzten Periode die Kluft zwischen
der freihändlerischen Nord- und der schutzzöllnerischen Südgruppe
bei mehrfacher Gelegenheit so evident zu Tage getreten, daß ein völli-
ges zeitweises Auseinandergehen dieser beiden Gruppen für die Zeit
des Ablaufes der Verträge ganz sicher zu erwarten war.

Preußen hat sich in seiner Handelspolitik aus wohlerwogenen
politischen Gründen eine Entsagung auferlegt, die es wohl zwar seiner
Großmachtstellung gegenüber, nicht aber den wirthschaftlichen Interessen des gesammten Volkes gegenüber noch länger würde verantwor-
ten können, und, nachdem die durch den Zollverein thatsächlich in
Deutschland geschaffene wirthschaftliche Gemeinschaft im Verlaufe von
drei Jahrzehnten so feste Bande um das gesammte Zollvereinsgebiet
geschlungen hat, daß an eine Lösung derselben kaum mehr zu denken
ist, würde Preußen unter allen Umständen im Jahre 1863 weniger
bedenklich gewesen sein, den Standpunkt der Entsagung mit dem der
Forderung zu vertauschen, als es noch im Jahre 1851 war.

Wir dürfen nicht annehmen, daß Preußens dermalige Regierung
eine Aenderung in der Organisation des Zollvereins für das
Jahr 1865 in Aussicht genommen haben würde; aber das scheint uns
festzustehen, daß selbst diese Regierung, und sei es auch mehr aus

finanziellen Gründen, als aus freihändlerischen Neigungen — nur unter der Bedingung der vorgängigen Tarifreform auf eine Wiedererneuerung der Zollvereins-Verträge eingegangen sein, daß sie die Verträge gekündigt, und nur auf dieser neuen Basis sie zu erneuern sich bereit erklärt haben würde. Wenn der dermaligen preuß. Regierung insofern der Wille geschehen wäre, daß man ihr einen liberalen Tarif, etwa mit periodischen Ermäßigungen, zugestanden hätte, so würde sie die Organisation des Zollvereins vielleicht unberührt gelassen haben. Sie hätte auch in dem dermaligen Abgeordnetenhause eine große und einflußreiche Partei gefunden, welche auf die Tarifreform ausschließlich Gewicht legt, und welche sich um diesen Preis eines Theiles ihres Steuerbewilligungsrechtes gern noch einmal auf zwölf Jahre begeben haben würde.

Darüber können Zweifel walten, ob nicht von anderer Seite, vielleicht von Baden, mit besonderer Energie auf die Verfassungsreform gedrungen sein würde. Allein selbstverständlich wäre außer Preußen kein Vereinsstaat in der Lage gewesen, irgend eine Forderung in der Form einer Bedingung des Wiedereintrittes zu stellen.

Wie dem auch sei — von maasgebender Stelle würden Forderungen erhoben worden sein — denselben wären auf der Seite, die Preußen gegenüber stets verneint, zu widersprechen versucht worden — und hiermit wäre die Krisis eingeleitet gewesen. Es bedurfte dazu keines deutsch-französischen Handelsvertrages, keiner österreichischen Denkschrift, wie die vom September 1861, und keines österreichischen Zolleinigungsprojektes, wie das vom 10. Juli 1862.

Die Umstände haben es gewollt, daß die Krisis der dritten Ablaufsperiode der Zollvereinsverträge zwar unter vielfach ähnlichen Symptomen wie die der zweiten, aber doch in etwas anderer, als der vorauszuberechnenden Gestalt eintreten sollte. Die Umstände haben auch ihren Eintritt beschleunigt, und ihre Dauer verlängert. Denn sie begann im vorigen Jahre, und wird wohl kaum vor dem Ablauf des kommenden Jahres überstanden sein.

Die Krisis begann nicht auf dem Fürstenkongreß zu Baden-Baden, wo der Kaiser der Franzosen seinen Wunsch zu erkennen gegeben haben soll, mit dem Zollverein einen Handelsvertrag abzuschließen; sie begann auch nicht mit jener Note, worin die preußische Regierung

ihre Zollverbündeten um deren Zustimmung zur Eröffnung der Ver=
handlungen mit Frankreich ersuchte. Noch bis zum September 1861 war
von ernstlichen Differenzen zwischen den Zollvereinsregierungen nicht
die Rede; ja, an jenem Tage, als die festgestellten Verträge von den
beiderseitigen Bevollmächtigen paraphirt wurden, am 29. März d. J.,
hatte der zersetzende Einfluß Oesterreichs sich bei den Süddeutschen noch
nicht in dem Maaße geltend gemacht, daß Solche, die nicht tiefer in
die Geheimnisse der Diplomatie eingeweiht waren, eine ernstliche
Opposition gegen die Verträge von dieser Seite her hätten befürchten
können. Im Stillen freilich war diese Opposition bereits großgezogen,
welche dann in den Erklärungen Bayerns und Würtembergs vom 8.
und 11. August ihren offiziellen Ausdruck fand. —

Der englisch=französische Handels= und Schiffahrtsvertrag vom
23. Januar 1860 eröffnet eine neue Epoche in der Geschichte der
europäischen Handelspolitik. England brach von jenem Tage an voll=
ständig mit der Schutzzollpolitik; es führte seinen Tarif allgemein auf
den Grundsatz der Besteuerung einer geringen Zahl finanziell wichtiger
Artikel zurück. Frankreich brach mit seinem Prohibitivsystem und bahnte
den Uebergang zu einem System mäßiger Schutzzölle an, welche zwar
zunächst nur England gegenüber gelten, aber im Wege weiterer Ver=
tragsabschlüsse zum Inhalt des allgemein geltenden französischen Ta=
rifs gemacht werden sollten. Die England gemachten Zugeständnisse
sollten in erster Linie Belgien und Italien angeboten werden, und die
französische Regierung trat mit diesen Staaten alsbald in Unterhand=
lung. Die Verträge sind bekanntlich zum Abschluß gelangt.

So erstand im Westen Europa's ein geschlossenes, großes Han=
delsgebiet, zu dem sich die industriereichsten Staaten der Welt unter
gegenseitiger Eröffnung ihrer Märkte vereinigten. Derjenige unter
den durch das neue System verbundenen Staaten, mit dessen Industrie
zu konkurriren die Zollvereinsindustrie in vielen ihrer Zweige vollkom=
men im Stande ist, und dessen Gebiet der letzteren als ein besonders
wünschbarer Markt erscheinen muß — Frankreich, öffnete diesen seinen
Markt der englischen und belgischen Industrie, ohne seinen neuen
Tarif zu generalisiren; es gewährte diesen Nationen Vortheile, an
denen theil zu nehmen zunächst nur Diejenigen Aussicht haben, welche

sich entschließen, dafür einen ähnlichen Preis zu zahlen wie England und Belgien, welchen es gelingt, über die besonderen Bedingungen sich mit Frankreich zu verständigen.

Es war sicher anzunehmen, daß, wenn dem Zollverein eine solche Verständigung nicht bald gelang, er vielleicht auf viele Jahre hinaus von jenem für ihn unschätzbaren Markte ausgeschlossen sein würde; denn das meiste, was er dem französischen Markte zu bieten hat, können ihm England und Belgien ebenfalls bieten, und, wenn er in vielen Artikeln mit den Industrieen dieser Länder durch billigere Preise zu konkurriren vermöchte, so wird er doch diesen Vorzug nur dann voll zur Geltung bringen können, wenn nicht zuvor die englische und belgische Konkurrenz sich auf dem französischen Markte schon durch jahrelangen intensiven Verkehr festgesetzt und mit den französischen Abnehmern Verbindungen angeknüpft hat, aus denen sie so leicht nicht mehr zu verdrängen ist.

Ein Blick auf den neuen französischen Differenzialzolltarif*) mußte selbst die eifrigsten Schutzzöllner und die leidenschaftlichsten Franzosenhasser über die Gefahren aufklären, welche in dem großen handelspolitischen Bündniß der Westmächte dem Zollverein drohen,

---

*) Es wird die Gegenüberstellung einiger Sätze des neuen französisch = englischen, und des bisherigen französisch = deutschen Tarifs genügen, um die fernere Unmöglichkeit einer Konkurrenz mit England auf dem französischen Markte für den Fall, daß wir nicht ähnliche Vortheile erringen, wie England, darzuthun.

Französische Eingangszölle

Für		Aus Großbritannien		Aus d. Zollverein.
Stahl in Stäben	pr. 100 Kilogr.	15.00 Frcs.	. . . .	30.30 Frcs.
Werkzeuge von Eisen	„	„ 12.00 „	. . .	60.50 „
„ verstählt	„	„ 18.10 „	. . .	160.41 „
Werkzeuge von Stahl	„	„ 40.00 „	. . .	223.44 „
Feilen, je nach Feinheit und Größe	„	„ 40.00 „		{ 97.44 „ / 229.80 „ / 286.04 „ }
Sensen	„	„ 40.00 „	. . .	154.20 „
Sicheln	„	„ 40.00 „	. . .	103.80 „
Schlösser, eiserne, grobe	„	„ 15.00 „	. . .	129.00 „
„ „ feine	„	„ 15.00 „	. . .	255.00 „
Nähnadeln über 5 Centim. lang	pr. 1 Kilogr.	1.00 „	. . .	2.81 „
Nähnadeln von 4—5 Centim. lang	„	„ { 2.00 „		{ 6.60 „
Nähnadeln unter 4 Centim. lang	„	„		10.56 „ }

wenn er nicht rechtzeitig sich entschließt, diesem Bündniß beizutreten — und Niemand konnte sich darüber täuschen, daß der Zollverein seiner Aufnahme in den Bund der Westmächte sein verrottetes Schutzzollsystem zum guten Theile werde opfern müssen. Den Freunden einer liberaleren Gestaltung unseres Tarifs leuchteten jene Gefahren und diese Nothwendigkeit, sie mit Opfern fern zu halten, nicht nur alsbald aufs klarste ein — sie begrüßten es auch mit besonderer Freude, daß dem Zollverein, der seiner Organisation zufolge mit seiner Handelspolitik in den Zustand völliger Stagnation gerathen war, ein Anstoß zu endlichem Aufschwung von Außen kam, dem unbedingt nicht auszuweichen war.

Dies ohne Zweifel ist auch die preußische Auffassung von der Sache gewesen. Die Tarifreform-Versuche, welche die preußische Regierung bisher gemacht hatte, waren sämmtlich an mittel- und kleindeutschem Widerspruch gescheitert. Jetzt eröffnete sich ihr ein Weg zu dieser Reform, auf dem die Opposition ihr folgen mußte, wenn ihr anders an dem Aufschwunge des deutschen Handels und der deutschen Industrie das Mindeste gelegen war — ein Weg überdies, der voraussichtlich früher, als jeder andere zum Ziele führen mußte, ein Weg endlich, auf dem sich ohne sonderliche Mühe erreichen ließ, was 1863 vielleicht nur unter den heftigsten Stürmen und mit der äußersten Kraftanstrengung zu erreichen gewesen wäre.

Gewiß — die preußische Regierung hatte ein besonders naheliegendes Interesse an dem Zustandekommen eines deutsch-französischen Handelsvertrages. Aber das gesammte Interesse des Zollvereins stimmte in diesem Punkte mit dem preußischen vollkommen zusammen

Für	Französische Eingangszölle Aus Großbritannien.		Aus d. Zollverein
Angelhaken . . . pr. 100 Kilogr.	30.₀₀ „	. . . .	253.₀₀ „
Stecknadeln . . . „ „ „	50.₀₀ „	. . . .	107.₃₀ „
Handelswaffen, blanke „ „ „	40.₀₀ „	. . . .	417.₅₀ „
Kupferschmiedewaaren			
gemeine „ „ „	25.₀₀ „	. . .	107.₄₀ „
„ feine „ „ „	25.₀₀ „	. . .	212.₄₀ „
Bleiwaaren . . . „ „ „	5.₀₀ „	. . .	26.₄₀ „
Instrum., opt., astron., „ „ „	{ frei	. .	{ 30% d. Werthes
„ mathem., chem., „ „ „			10% „ „
Papier, weißes . . „ „ „	10.₀₀ „	. . .	160 Frcs.

— und die heutigen Gegner des Handelsvertrages mögen sich einmal die Frage vorlegen, ob sie Preußen nicht mit den härtesten Vorwürfen überschüttet haben würden, wenn es diese Interessen wahrzunehmen versäumt hätte.

Preußen hat zu solchen Vorwürfen keinen Anlaß gegeben.

Als die französische Regierung im Juni 1860 dem preußischen Kabinet ihre Bereitwilligkeit zu erkennen gab, Verhandlungen wegen Herbeiführung eines Handels = und Schifffahrtsvertrages mit dem Zollverein anzuknüpfen, setzte die preußische Regierung ihre Zollver= bündeten von dieser Erklärung in Kenntniß und ersuchte dieselben um ihre Zustimmung zur Eröffnung der Verhandlungen.

Die zustimmenden Erklärungen der Zollvereinsstaaten waren schon bis zum September 1860 sämmtlich eingegangen, so daß, nach Beseitigung einiger, französischerseits dazwischen tretender Umstände, am 15. Januar 1861 mit den Verhandlungen zwischen den preußischen und französischen Bevollmächtigten begonnen werden konnte.

Der Gang, welchen diese Verhandlungen bis zum 2. August 1862 genommen haben, ist seitdem so vielfach Gegenstand der Erörterung in der deutschen Presse gewesen, daß wir uns dabei begnügen können, in aller Kürze nur auf diejenigen Momente hinzuweisen, welche für die Entwickelung der Krisis besonders maaßgebend gewesen sind.

Und da .verdient denn die Thatsache vor allen Dingen der Erwähnung, daß, als die preußische Regierung im April 1861 ihren Zollverbündeten die Ergebnisse der damals zu einem gewissen Abschlusse gelangten Verhandlungen mittheilte, ihr von der Mehrzahl der ver= bündeten Regierungen ein ausdrückliches Einverständniß mit dem von ihr eingenommenen Standpunkte erklärt wurde, und daß sich von kei= ner Seite her Widerspruch dagegen erhob.

Unter den leitenden Gesichtspunkten, mit welchen Preußen von vornherein in die Verhandlungen eingetreten war, erscheint der als der prinzipiell wichtigste, daß die an Frankreich zu bewilligenden Zuge= ständnisse nicht auf die Erzeugnisse Frankreichs zu beschränken, sondern auf die Erzeugnisse aller übrigen Länder gleichmäßig auszudehnen seien.

Nicht nur den sich als nothwendig herausstellenden Tarifermäßi= gungen, sondern auch der Generalisirung derselben stimmten sämmt=

liche Zollvereinsregierungen bei. Hessen-Darmstadt allein erhob und begründete seine Bedenken gegen die vertragsmäßige Feststellung umfassender Tarifänderungen, ohne jedoch aus diesen Bedenken einen Widerspruch gegen die Fortsetzung der Unterhandlungen auf der von Preußen dargelegten Bahn herzuleiten.

Sogenannte „patriotische Bedenken gegen eine Begünstigung Frankreichs wären schon in diesem Stadium der Verhandlungen zu spät gekommen. Sie sollten aber auf ein noch späteres Stadium verspart bleiben. Noch hatte sie Oesterreich nicht angeregt. In keiner der auf das preußische Cirkular vom April 1861 erfolgenden Antworten werden derartige Bedenken laut.

Preußen konnte also im Juli 1861 seine schwierige Arbeit mit einiger Zuversicht wieder aufnehmen. Die Verhandlungen dieser zweiten Periode gingen auf das Detail der beiderseitigen Tariffeststellung näher ein, und es ergaben sich hier Schwierigkeiten, welche Preußen zeitweise an dem Zustandekommen des Vertrages zweifeln ließen. In einem Cirkular vom 4. September 1861 legte die preußische Regierung den Zollverbündeten den Stand der Sache eingehend dar, ohne ihre Zweifel an dem Zustandekommen des Vertrags zu verschweigen, und machte den Vorschlag, für den Fall, daß diese Zweifel sich als begründet erweisen sollten, eine allgemeine Revision des Zollvereinstarifs nach den Grundsätzen, über welche ein Einverständniß so gut wie erreicht sei, vorzunehmen, die Anwendung dieser Tarif-Erleichterungen aber auf die Erzeugnisse solcher Länder zu beschränken, welche, sei es mit oder ohne Vertrag den Zollverein auf dem Fuße der meistbegünstigten Nation behandeln.

Dieser eventuelle Vorschlag, war offenbar ein faux pas; er bot den nachmaligen Gegnern des Vertrages einen Anhalt zur Forderung einer nicht auf dem Vertragswege zu bewirkenden Tarif-Revision und eines Differenzial-Zollsystemes. Preußen mußte sich sagen, daß es mit diesem eventuellen Vorschlage, falls er angenommen worden wäre, die Tarifreform auf den Weg der Generalkonferenzen verwiesen hätte, auf einen Weg, dem, wenn irgend möglich auszuweichen, es gerade das lebhafteste Interesse hatte.

Doch — es konnte, nachdem die bis zum November 1861 ein-

gelaufenen Rückäußerungen der Zollvereins-Regierungen dem preußischen Standpunkte im Wesentlichen zugestimmt hatten, ohne auf
prinzipale Berücksichtigung des eventuellen Vorschlages zu bringen,
eine dritte Periode der Verhandlungen mit Frankreich eröffnet werden;
sie führte zu einem günstigen Resultate; die Verträge wurden am 29.
März paraphirt.

Eine eingehende Analyse derselben würde hier nicht am Platze
sein. Wir begnügen uns mit einer Mittheilung der für unsere Zwecke
wesentlichsten Punkte des H a n d e l s vertrages.

Derselbe soll zwei Monate nach Austausch der Ratifikationen in
Kraft treten, und ist auf zwölf Jahre mit zwölfmonatlicher Kündigung
abgeschlossen; vom Ablauf der zwölf Jahre soll er, falls nicht gekündigt
ist, weiter in Kraft bleiben, mit Vorbehalt zwölfmonatlicher Kündigung. Sollte der Zollverein sich auflösen, so tritt mit demselben Zeitpunkte auch der Handelsvertrag außer Kraft. Frankreich tritt in den
Vertrag mit Einschluß von Algerien ein. Deutsche Staaten, welche
später in den Zollverein eintreten, haben zugleich an dem Handels-
und Schifffahrtsvertrage Theil.

Dem Handelsvertrage sind zwei Tarife angehängt, der Tarif
für zollvereinsländische Waaren bei der Einfuhr in Frankreich, und
der Tarif für französische Waaren bei der Einfuhr in den Zollverein.
Der erstere entspricht dem französsch-belgischen Tarife mit einigen
Modifikationen, in welchen dem Zollverein noch weitergehende Zugeständnisse gemacht sind; der andere ist auf der Basis möglichster gegenseitiger Ausgleichung der Zollsätze, unter Festhaltung der Gewichts-
zölle vereinbart, wobei natürlich gewisse Waaren, wie Weine, Seidenwaaren und andere, mit höheren Sätzen, als den französischen, eine
Ausnahme bilden. Der Weinzoll ist z. B. auf 4, der Zoll für Seidenwaaren auf 50 und von 1866 ab 40 Thlr., der für halbseidene auf
34, resp. 30 Thlr. herabgesetzt. Für die Herabsetzung sind im Allgemeinen vier Stufen verbredet, die sofort, am 1. Januar 1864, am
1. Januar 1865 und am 1. Januar 1866, in Kraft treten sollen.
Selbstverständlich machen nicht alle Tarifsätze diese ganze Stufenfolge
durch: sie haben der Regel nach zwei, höchstens drei Stufen. Der
Tarif entspricht auch in seiner Anordnung und Ausdehnung, wie dies

durch die Art seiner Entstehung bedingt ist, dem Tarife des französisch-belgischen Vertrages; für die practische Anwendung wird er in die Form und Eintheilung des Zollvereinstarifs umgearbeitet werden müssen. Für den Umfang dieses Tarifs ist es charakteristisch, daß fast nur die Positionen des Zollvereinstarifs von ihm unberührt bleiben, welche, wie Kaffee und Gewürze, rein außereuropäische Waaren treffen.

Es ist bemerkenswerth, daß beide Theile von dem Gesichtspunkte ausgegangen sind, die vertragsmäßigen Begünstigungen nicht dem andern als exclusives Recht einzuräumen, sondern alle Völker, sei es unmittelbar, sei es durch ergänzende Verträge, daran zu betheiligen, und so den geschlossenen Vertrag zur Grundlage einer allgemeinen Tarifreform zu machen.

Diese Tendenz vor Allem zeichnet den Vertrag aus, und läßt ihn als ein handelspolitisches Ereigniß erscheinen. Sie kommt im Augenblick noch nicht zur vollen Geltung, da im Vertrage beiderseits noch Ursprungszeugnisse verlangt werden. Allein im Schlußprotokolle verpflichtet sich Frankreich, die Ursprungszeugnisse für eine Reihe von wichtigen Artikeln der Einfuhr sofort aufzugeben, und für die übrigen nur so lange aufrecht zu erhalten, bis mit anderen Staaten noch schwebende Verhandlungen abgeschlossen sein werden, während Preußen ebendaselbst erklärt, daß der Zollverein die Ursprungszeugnisse für die aus Frankreich eingehenden Waaren überhaupt nicht aufrecht zu erhalten beabsichtige.

Die Tarifreform selbst ist nur als ein sehr schwacher Anfang zu betrachten, und die vereinbarten Ermäßigungsstufen in dem Zollvereins-Einfuhrtarife deuten darauf hin, daß man den Wünschen der schutzzöllnerischen deutschen Industrie sehr willig sein Ohr geliehen hat. Dabei ist nur tröstlich die Erfahrung, daß man sich mit jeder, auch der kleinsten, Zollermäßigung auf eine schiefe Ebene begiebt, auf der sich das Gesetz der Schwere unwiderstehlich geltend macht. Uebrigens wird der Zollvereinstarif durch den Vertrag um einige Positionen schwächer, wenn auch in anderen complicirter.

Eine weitere bemerkenswerthe Erscheinung ist der beiderseitige

Wegfall aller Aus- und Durchfuhrzölle. Erstere werden nur für Lumpen und altes Tauwerk beibehalten.

Beide Theile behalten sich das Recht vor, bei eintretenden Erhöhungen der inneren Verbrauchssteuern entsprechende Eingangszoll-Erhöhungen eintreten zu lassen, verpflichten sich aber auch, diese Zölle um den Betrag der eintretenden Verminderung der inneren Verbrauchsabgaben alsbald zu ermäßigen. Französischerseits ist die Zusicherung gemacht, daß der Weinzoll von $2^1/_2$ Sgr. per Centner nicht erhöht werden solle, preußischerseits ist die Aussicht auf Reduktion der Uebergangsabgabe von Wein und Most auf $12^1/_2$ und bezüglich 10 Sgr. eröffnet.

Von höchster Wichtigkeit sind diejenigen Bestimmungen des Vertrages, durch welche eine völlige Freizügigkeit zwischen den beiderseitigen Staatsangehörigen angebahnt wird. Die beiderseitigen Unterthanen sollen gegenseitig in jedem Theile der beiderseitigen Gebiete ungehindert eintreten, reisen, oder sich aufhalten können, um daselbst ihre Geschäfte wahrzunehmen, und genießen herbei für sich und ihr Vermögen denselben Schutz, wie die Inländer. Sie sind befugt, in den Städten und Dörfern die nöthigen Häuser, Waarenlager, Läden und Grundstücke, unter gleichen Bedingungen wie Inländer, zu besitzen, und sie sollen in Bezug auf Handel und Gewerbe aller Vorrechte, Befreiungen und sonstigen Begünstigungen irgend welcher Art sich erfreuen, wie die Inländer. Fabrikanten und Kaufleute und ihre Reisenden können im andern Gebiete ohne Gewerbsteuer geschäftliche Einkäufe machen, und mit Proben Bestellungen suchen. Gegenstände, welche als Muster dienen, können von Handlungsreisenden des einen Gebiets unter Vorbehalt der durch verabredete Förmlichkeiten controlirten Wiederausfuhr in das andere zollfrei eingeführt werden.

Aber auch eine andere der dringendsten Forderungen, welche man einstimmig im Interesse des deutschen Verkehrs erhob, wenn von dem Handelsvertrage die Rede war, ist darin erfüllt. Die ermäßigten Tarifsätze für die zollvereinsländischen Waaren gelten zwar in Frankreich grundsätzlich nur bei der direkten Einfuhr zu Lande, oder zur See unter der Flagge des Zollvereins oder Frankreichs. Preußen hat jedoch ein ausnahmsweises Zugeständniß zu Gunsten des Ex-

portes aus den beiden für den Zollverein wichtigsten
deutschen Hafenplätzen, Bremen und Hamburg, erreicht.
Die Zollvereinsausfuhr aus diesen beiden Hafenplätzen participirt vollständig an den Vortheilen des
ermäßigten Tarifs.

Es war zu erwarten, daß Frankreich am hartnäckigsten auf seinem
System der differentiellen Behandlung der Schifffahrt
bestehen werde. Der Erwartung entsprechend, hat Frankreich zwar
vollständig gleiche Behandlung der Zollvereinsflaggen mit den nationalen in seinen Häfen zugestanden, aber dieses Zugeständniß nur auf
die direkte Fahrt beschränkt, und mit Mühe ist ihm das weitere Zugeständniß abgerungen worden, „daß für die Begriffsbestimmung der
direkten Fahrt die Häfen der Hansestädte an der Elbe und Weser den zollvereinsländischen von dem Augenblicke an gleichgeachtet werden sollen,
wo die französischen Schiffe in den letzteren Häfen den nationalen
gleichgestellt werden." Die Koncessionen, welche Frankreich es sich
hat kosten lassen, um mit der Beschränkung der Gleichstellung der
Zollvereinsflagge auf die direkte Fahrt durchzubringen, sind, vom französischen Standpunkte aus betrachtet, nicht erheblich. Preußen stellt
die französische Flagge in seinen Häfen der nationalen bedingungslos
gleich. —

So viel über den Inhalt des Vertrages. —

Die preußische Regierung unterrichtete nun die übrigen Zollvereinsregierungen durch die Cirkulardepesche von 3. April 1862 über
den Gang und den Abschluß der Verhandlungen, und bat um möglichste Beschleunigung der Rückäußerung.

Hierauf stimmten Sachsen, die Thüringen'schen Staaten, Braunschweig, Oldenburg, Nassau, Frankfurt und Baden, nachdem dieselben
die verfassungsmäßige Zustimmung ihrer Volksvertretungen meist einstimmig, oder mit überwiegender Stimmenmehrheit erhalten hatten,
den Verträgen bei; in Preußen faßten beide Häuser des Landtages
mit Einstimmigkeit oder einer an Einstimmigkeit grenzenden Majorität eine Resolution, welche „die volle Uebereinstimmung mit der von
der königlichen Regierung abgegebenen Erklärung ausdrückt,

„daß sie auf dem Boden der Verträge vom 2. August d. J.

beharre*) und demgemäß die definitive Ablehnung dieser von
Preußen Namens und im Auftrage das Zollvereins verhandelten
Verträge Seitens einzelner Zollvereinsregierungen als den Ausdruck des Willens auffassen müsse, den Zollverein mit Preußen
nicht fortzusetzen."

Die zustimmenden Staaten repräsentiren 22½ Millionen Seelen,
also reichlich 70⁰/₀ der Zollvereinsbevölkerung.

Mit gleicher Einhelligkeit kommen überhaupt wichtige Beschlüsse
in Landesvertretungen selten zu Stande, wie die, welche im Betreff
des Handelsvertrages und zu Gunsten desselben im Laufe dieses Jahres in den Landesvertretuugen der obengenannten deutschen Staaten
gefaßt worden sind.

Das Gefühl der Unerträglichkeit der Stagnation, in welche der
Zollverein gerathen war, das klare Bewußtsein von der Nothwendigkeit einer baldmöglichen Betheiligung an dem großen Handelsbunde
der Westmächte war so mächtig, daß bei den bezüglichen Berathungen
der Kampf der politischen Parteien völlig verstummte.

Und neben den offiziellen Stimmen erhebt sich auch, nicht etwa
nur in den genannten Staaten, sondern auch in Hannover, Bayern,
Würtemberg u. s. w., die öffentliche Meinung vielfach und in den
mannigfachsten Kundgebungen für den Vertrag. Versammlungen von
sogenannten Sachverständigen, welche von dem Verein für deutsche
Industrie mit möglichstem Geschick in den verschiedensten Theilen von
Deutschland ins Werk gesetzt wurden, um Kundgebungen der entge-
gengesetzten Art zu Stande zu bringen, hatten den beabsichtigten Erfolg nicht; ja, wenn man die Zusammensetzung dieser Versammlungen berücksichtigt, und die von ihnen extrahirten Voten nebeneinander
hält, so stellt sich das Resultat dieser Agitation mindestens als ein ne-
gatives dar; selbst die, wie gesagt, mit System und Geschick unternom-
menen und geleiteten „Interessenten"-Versammlungen, wenn sie auch
den Vertrag nicht durchweg billigten, mußten sie doch auch wesentliche Bedenken gegen denselben nicht zu erheben, oder wenigstens nicht

---

*) Es ist hier beiläufig zu bemerken, daß Preußen und Frankreich am 2.
August d. J. die am 29. März nur paraphirten Verträge förmlich unterzeichneten.

von einem über das Interesse des einen oder anderen Industriezweiges hinausgehenden Standpunkte aus zu begründen.

Dagegen haben neben vielen kleineren volkswirthschaftlichen Versammlungen zuletzt noch zwei große, und beiderseits je in ihrer Art großer Autorität genießende Versammlungen, nämlich die des volkswirthschaftlichen Kongresses zu Weimar, und die des zweiten deutschen Handelstages zu München, dem Handelsvertrag entschieden das Wort geredet. Dort wurde mit überwiegender Stimmenmehrheit am 9. Septr. d. J. die Erklärung zum Beschluß erhoben:

a) daß der Handelsvertrag zwischen Frankreich und dem Zollverein einen ersten und wesentlichen Schritt zur Durchführung der Tarifreform im Zollverein bilde, welche für eine gesunde wirthschaftliche Entwickelung des deutschen Volkes nothwendig sei;

b) daß er durch Gleichstellung der französischen Zollsätze für die zollvereinsländischen Produkte mit denen für die Produkte Englands und Belgiens die Ausschließung unseres Gewerbfleißes von dem französischen Markte verhindern und dem deutschen Export ein neues wirthschaftliches Gebiete eröffne;

c) daß es demnach die wirthschaftlichen Interessen des deutschen Volkes auf das schwerste verletze, wenn der von politischen Tendenzen und monopolistischen Interessen getragene Widerstand einzelner Zollvereinsregierungen die Durchführung des Vertrages noch länger hinzögere.

Hier gelangte der nachfolgende Antrag, als:

„In Erwägung: daß nach den Bestimmungen des Art. 31 des Handelsvertrages vom 2. August d. J. eine Erhöhung einzelner Zollsätze in dem zwischen Oesterreich und dem Zollverein geltenden Tarif vom 19. Februar 1853 nach Ablauf des Jahres 1865 zu besorgen steht; — in fernerer Erwägung: daß in dem Tarif A des Vertrages durch Einführung der Werthzölle verschiedene bisher in Frankreich bestandene Eingangszölle erhöht werden, — in Erwägung aber: daß selbst diese vorzugsweise hervorzuhebenden Uebelstände gegen den Vortheil nicht in's Gewicht fallen, welcher durch die mittelst des Handelsvertrags verwirklichte Reform des vereinsländischen Tarifs und gleichzeitig erzielte Erweiterung des diesseitigen Absatzgebietes für Han-

bel und Induſtrie unſeres Vaterlandes geſichert iſt; erklärt der deutſche
Handelstag: Es iſt höchſt wünſchenswerth, die oben an-
gedeuteten Nachtheile durch Verhandlungen der ver-
tragſchließenden Regierungen zu beſeitigen; das
ſchleunige Zuſtandekommen des Handelsvertrages
aber darf nicht in Frage geſtellt werden," ebenfalls mit
immerhin anſehnlicher Stimmenmehrheit *) zur Annahme.

Noch neuerdings erfolgen Kundgebungen entſchieden zu Gunſten
des Handelsvertrages aus den verſchiedenſten Theilen des Zollvereins;
mehrfach werden auch die Vertreter, welche mit der Minorität am
Münchener Handelstage geſtimmt hatten, von ihren eigenen heimiſchen
Körperſchaften vollſtändig desavouirt.

Man wird bei dieſer Lage der Sache nicht zweifelhaft ſein können, daß die Annahme des zwiſchen Preußen, Namens des Zollvereins, und Frankreich verhandelten Vertrages der weit überwiegenden
Mehrheit der Bevölkerung des Zollvereins, und zwar der Bevölkerung
ſeiner induſtriereichſten Staaten, als eine Nothwendigkeit erſcheint.

Trotzdem haben die Regierungen von Hannover und Kurheſſen
ſich noch nicht über die Annahme dieſes Vertrages erklärt, haben
Bayern, Würtemberg und Heſſen-Darmſtadt — freilich ohne ihren
Landesvertretungen die Angelegenheit vorher unterbreitet zu haben —,
ihre Zuſtimmung zu den Verträgen wiederholt und ausdrücklich
verſagt.

Hält man dieſe Thatſache der obencitirten Erklärung des
preußiſchen Kabinets gegenüber, ſo ergiebt ſich alsbald, daß der dermalige Stand der Sache in der That als eine Kriſis des Zollvereins im umfaſſendſten Sinne des Wortes ſich darſtellt.

Es fragt ſich nun, welche Weigerungsgründe die genannten Regierungen anführen, und es fragt ſich weiter, welche Motive Dem
wirklich zum Grunde liegen, daß ſie ihre Zuſtimmung zu einem Ver-

---

*) Die Motive wurden mit 103 gegen 89, die eigentliche Erklärung mit
104 gegen 90 Stimmen zum Beſchluß erhoben, wobei zu erwägen, daß in der
Minorität 44 Vertreter öſterreichiſcher Handelskorporationen und in der Majorität 8 Vertreter ſonſtiger nicht-zollvereinsländiſcher Handelskorporationen mit-
ſtimmten.

tragswerke verweigern, zu dessen Abschluß sie die preußische Regierung mit bevollmächtigt hatten, und während dessen Verhandlung sie mehrfach unzweideutig ihre Zustimmung mit den leitenden Gesichtspunkten ihres Bevollmächtigten und mit dessen Vorgehen überhaupt zu erkennen gegeben hatten.

Ueber die a u s g e s p r o c h e n e n Weigerungsgründe geben uns die über den Gegenstand gepflogenen offiziellen Korrespondenzen, insoweit sie an die Oeffentlichkeit gelangt sind, genügenden Aufschluß *).

Um dagegen über die e i g e n t l i c h e n M o t i v e des Verhaltens der Oppositions = Regierungen klar zu werden, muß man die Stellung, welche Oesterreich seit dem September 1861 dem deutsch=französischen Handelsvertrage gegenüber eingenommen hat, sich vergegenwärtigen.

Es ist nicht unsere Absicht, die zwischen Preußen einer= und den dem Vertrage ihre Zustimmung versagenden Zollvereins=Regierungen andererseits seit dem Juli 1860 in der Angelegenheit gepflogenen Korrespondenzen an dieser Stelle eingehend zu verfolgen, um, wie es jüngst in der obenerwähnten trefflichen Schrift („Vorwände und Thatsachen") geschehen ist, Vorwände mit Thatsachen zu widerlegen. Die Vorwände scheinen uns für unsere Zwecke weit weniger der Beachtung werth, als die Gründe, warum überhaupt Vorwände gesucht wurden, und es kann uns nur darauf ankommen, den Nachweis zu erbringen, daß nicht in der eigentlichen Natur und dem Wesen des Vertrages an sich der Grund liegt, warum Bayern und Würtemberg ihre Zustimmung zum Abschluß desselben verweigern, daß nicht handelspolitische, sondern lediglich p o l i t i s c h e M o t i v e den ablehnenden Voten dieser Regierungen zum Grunde liegen.

Die Einwände, welche sich auf einzelne Tarifpositionen beziehen,

---

*) Vergl. Aegidi und Klauhold. Die Krisis des Zollvereins urkundlich dargestellt. Hamburg, Otto Meißner 1862. Dieses Sammelwerk enthält noch nicht: die bayrischen und würtembergischen Depeschen vom 20. und 23. Sept. 1862 und die im Laufe des November abgegangenen preußischen Erwiederungen. Vergl. auch über die Vorwände Bayerns und Würtembergs die vortreffliche, ohne Zweifel offiziöse Schrift: „Vorwände und Thatsachen. Ein Beitrag zur Kritik der Opposition gegen den Handelsvertrag vom 2. August 1862. Berlin 1862. Georg Reimer.''

können wir somit von vornherein füglich übergehen. Denn, nachdem Bayern und Würtemberg hinsichtlich der Vereinbarung über den
Tarif den leitenden Gesichtspunkten Preußens vollkommen zugestimmt,
nachdem die Preußische Volksvertretung, als Repräsentantin aller
möglichen Zollvereins-Industriezweige, nachdem Sachsen, Baden und
Nassau die Tarife A. und B. als unbedenklich anerkannt hatten, läßt
sich nicht annehmen, daß in Bayern und Würtemberg gegen die im
Großen und Ganzen durchweg nach Maaßgabe der ursprünglichen
Verabredung erfolgte Festsetzung der Tarife mit Grund so wesentliche
Bedenken vorgebracht werden könnten, daß ihnen dieser Tarif, und
somit der ganze Vertrag aus diesen Gründen so unannehmbar
erschiene.

Sieht man aber von den gegen einzelne Tarifpositionen und
gegen die Bestimmung einiger offenbar unwesentlicher Vertrags-
Artikel erhobenen Bedenken ab, so lassen sich die übrig bleibenden
Einwände kurz folgendermaßen zusammenfassen:

1) Bayern und Würtemberg sind der Ansicht, daß eine vollständige Tarifreform nicht im Wege eines Traktates hätte voll-
zogen werden sollen;

2) meinen sie, Preußen hätte vor Eröffnung der Verhandlungen
mit Frankreich zunächst mit Oesterreich über die Weiterentwicklung des Februarvertrages verhandeln müssen;

3) werfen sie Preußen vor, daß es bei seinen Verhandlungen
mit Frankreich ein eigenmächtiges Verfahren beobachtet und
eine verletzende Nichtachtung seiner Zollverbündeten an den
Tag gelegt habe. Endlich

4) behaupten sie, der Vertrag sei (wegen Art. 31) einer Weiterentwicklung des Februarvertrages präjudizirlich.

Ad 1) Wir haben den Gang der Vorverhandlungen über den
Handelsvertrag oben des Näheren dargelegt. Es ist dort angeführt
worden, daß Preußen seine Zollverbündeten über das Ziel seiner Be-
strebungen nicht im Unklaren gelassen hat. Wäre dies der Fall gewesen, so hätten die letzteren allen Anlaß gehabt, sich über dieses Ziel
rechtzeitig zu vergewissern. Die früheren Erklärungen Bayerns und
Würtembergs zeigen, daß diese Regierungen sich völlig klar gewesen

sind, daß der Vertrag ohne gründliche Tarifreform nicht zu Stande kommen könne; sie haben überdies das Bedürfniß einer a l l g e m e i - n e n Tarifreform anerkannt, und Preußen ausdrücklich zugestimmt, als dasselbe ausdrücklich den Handelsvertrag als den geeigneten Weg zur Erreichung dieses Zieles bezeichnete. Was den Tarif insbesondere anlangt, so ist gar nicht abzusehen, wie von Frankreich Zugeständnisse (Tarif A) hätten erlangt werden sollen, außer auf dem Wege der Konzessionen, und es ist nicht erfindlich, worin diese Konzessionen sonst bestehen sollten, als in Tarifherabsetzungen (Tarif B). Gewiß ist der Traktatsweg von vorneherein nicht der geeignetste Weg zur An- bahnung einer allgemeinen Tarifermäßigung, aber, wenn man den Traktat will, und dieser sich nicht anders als auf dem Wege der Tarif- ermäßigung erreichen läßt, so muß man sich zu dieser letzteren a u ch herbeilassen.

Mit der Generalisirung einer solchen Tarifermäßigung aber müssen alle diejenigen einverstanden sein, welche die Inconvenienzen des Differenzialzollsystems kennen, und weder Bayern noch Würtem- berg haben jemals gefordert, noch ist jemals im ganzen Laufe der Verhandlungen, außer in der preußischen Cirkulardepesche vom 4. Sept. 1861, davon die Rede gewesen, daß die erforderlichen Herab- setzungen des Tarifs nur als specielle Konzessionen Frankreich gegen- über zu betrachten sein könnten. Möglich, daß der eventuelle Vorschlag, welchen Preußen in jener Depesche zu machen so unvorsichtig war, das Material zu dem hier fraglichen Vorwande geliefert hat. Allein jener Vorschlag war nur eben ein eventueller. Es war nicht nöthig, auf ihn zurückzukommen, da Frankreich unerwarteter Weise neue Kon- zessionen machte, die den Vertragsabschluß auf der ursprünglichen Basis herbeiführten.

Ad 2) Es liegt auf der Hand, daß, wenn irgend eine Zollver- einsregierung der Ansicht war, es liege eine vertragsmäßige oder moralische Verpflichtung vor, in jedem Falle, wo der Abschluß eines Handelsvertrages zwischen dem Zollverein und einer auswärtigen Macht in Frage komme, erst mit Oesterreich wegen Ausbildung des Februarvertrages in Unterhandlung zu treten, diese Ansicht zu jener Zeit geltend gemacht werden mußte, als Preußen sich die Ermächtigung seiner Verbündeten zu den Verhandlungen mit Frankreich erbat. Dies ist nicht nur nicht geschehen, sondern im Laufe der Verhandlungen haben sogar diejenigen Regierungen, welche jene Ansicht jetzt vertreten, haben Bayern und Würtemberg gerathen, die Generalisirung des Tarifs nach keiner Seite hin als ein uneigennütziges Geschenk eintreten zu lassen, sondern sie gegenüber allen Nationen, und ins besondere Oesterreich gegenüber, durch Abschluß von Traktaten zu verwerthen*), also Oesterreich die Vortheile des ermäßigten Tarifs nur auf dem Vertragswege zu Gute kommen zu lassen, und von ihm dagegen das Zugeständniß zu verlangen, daß es von dem für gewisse Fälle ihm zustehenden Rechte der Erhöhung der Zwischenzölle keinen Gebrauch mache.

Es scheint, als wollten jene Staaten jetzt jenen Verrath an ihrer Bundesgenossenschaft mit Oesterreich wieder gut machen.

Man macht Preußen einen Vorwurf daraus, daß es nicht vor Eröffnung der Verhandlungen mit Frankreich zunächst mit Oesterreich über die Weiterentwicklung des Februarvertrages verhandelt habe. Der Vorwurf entbehrt jeder thatsächlichen Begründung. Am 15. Januar 1861 begannen jene Verhandlungen. Im Juli 1860 stellte Oesterreich bei Preußen den Antrag auf Eröffnung der im Februarvertrage (Art. 25) vorgesehenen Konferenzen. Preußen erklärte sich schon wenige Wochen später dazu bereit, diese Konferenzen zu beschicken. Hierauf erfolgte erst im September 1861 die Oesterreichische Rückäußerung — zu einer Zeit, wo die Verhandlungen mit Frankreich bereits acht Monate im Gange waren.

Aber es ist auch klar, daß Verhandlungen mit Oesterreich, wären sie wirklich im Herbst 1860 begonnen, d. h. nicht durch Oesterreichs Schuld versäumt worden, nur den Erfolg gehabt haben würden, uns den französischen Markt vielleicht noch auf Jahre hinaus zu verschließen, und, ohne jede Entschädigung, die Theilnahme an einem Handelsbunde um Jahre zu verzögern, von dem wir uns ungestraft nicht mehr Monate lang fern halten dürfen. Einige der prinzipalen Forderungen, welche Oesterreich gestellt haben würde, und welche es

---

*) „Vorwände und Thatsachen" S. 18 ff.

schon mehrfach dringend erhoben hat, z. B. die Forderung der Ermäßigung des Weinzolles auf 2 Thlr., wäre ihm selbst von seinen
jetzigen eifrigsten Parteigängern, Bayern und Würtemberg, nimmermehr zugestanden worden; hätte man Oesterreich aber auch nur eine
Ermäßigung auf 4 Thlr. zugestanden, so würde man später mit einem
gleichen, Frankreich gemachten Zugeständniß von diesem keine Gegen-
konzession haben erkaufen können; es hätte einfach auf das Oesterreich früher gemachte Zugeständniß verwiesen und mit Recht behauptet, wenn der Zollverein die Oesterreichische Konkurrenz nicht fürchte,
werde er die französische gar nicht zu fürchten brauchen.

Wenn man den Vorwurf in eine nüchterne Sprache übersetzt,
und ihn an einem einzelnen Falle sich deutlich macht, so lautet er:
„Man hätte Oesterreich einen Zweithalerweinzoll anbieten sollen,
ehe man Frankreich einen Vierthalerzoll anbot. Daß wir nicht nur
gegen den Vierthalerzoll protestiren, sondern auch und noch vielmehr
gegen den Zweithalerzoll protestirt haben würden, gehört nicht
hierher."

Ad 3) Dieser Vorwurf ist als Vorwurf ungerecht, weil unbe-
gründet; aber, wäre er auch begründet, so bliebe er immer nur ein
Vorwurf; einen Grund zur Verweigerung der nachträglichen Genehmigung eines ausgeführten Auftrages kann man nicht daraus her-
nehmen, daß der Beauftragte sich rücksichtslos gegen den Auftraggeber benommen habe. Ist der Auftrag an sich im Allgemeinen gut
erledigt, so wird man klug thun, über etwaige solche Rücksichtslosig-
keiten im Einzelnen hinwegzusehen.

Als Bayern und Würtemberg Preußen zur Verhandlung mit
Frankreich ermächtigten, mußten sie sich sagen, daß es nicht möglich
sein würde, diese Verhandlungen zu einem gedeihlichen Ziele zu bringen, ohne hie und da Partikular-Interessen und Partikular-Wünsche zu
verletzen. Denn eben da, wo Partikular-Wünsche und Interessen sich
uneingeschränkt geltend machen können, kommt ein gemeinsames Werk
in der Regel nicht zu Stande. Das mußten die Regierungen von
Bayern und Würtemberg von den 14 Generalkonferenzen her wissen,
welche sie mit durchgemacht haben.

Es ist bekannt, daß der Preußischen Regierung die widersprechendsten Wünsche zur Berücksichtigung empfohlen worden sind. Wie hätte sie dieselben befriedigen können? Und sollten d i e Bayerns und Würtembergs ausschließlich oder ganz vorzugsweise befriedigt werden? Es mußten alle Zollvereinsstaaten mehr oder minder in ihren Wünschen und Erwartungen nachlassen. Das geht einmal nicht anders, wenn man Verträge schließen will. Die meisten Opfer hat Preußen selbst gebracht. Hätte Preußen im eigenen Namen ge= handelt — wahrlich es hätte es nicht bei so mäßigen Tarifermäßi= gungen bewenden lassen, wie sie der Tarif B aufweist; es hätte Frankreich im eigenen Interesse größere Zugeständnisse gemacht und größere von ihm erhalten. Es h a t seinen Verbündeten aber ein Zugeständniß gemacht, ihnen ein Opfer angeboten, welches nicht aus= sieht, wie Nichtachtung derselben. Freilich, Bayern und Würtemberg halten es nicht für angemessen, darauf zurückzukommen, daß Preußen sich erboten hat zur völligen Preisgabe d e r i n n e r e n W e i n s t e u e r, also der Uebergangsabgabe auf Wein.

Der Gang der Verhandlungen mit Frankreich erweist, daß Preußen es sich hat redlich sauer werden lassen, den Vertrag zu Stande zu bringen. Wozu es als Mandatar beinahe 1½ Jahr nöthig hatte, das wäre, wenn es sich blos um sein eigenes Interesse gehan= delt hätte, gewiß in wenigen Wochen zu Stande gekommen.

Der Gang der Korrespondenzen, welche zwischen Preußen und seinen Verbündeten während der Unterhandlungen mit Frankreich gepflogen wurden, erweist, daß Preußen keinen wesentlichen Schritt in der Sache gethan hat ohne Vorwissen und Genehmigung seiner Auftraggeber. Und auf dieses Verfahren paßt der Vorwurf der Eigenmächtigkeit wie die Faust auf's Auge.

Ad 4) Unter dieser Nummer haben wir eine ganze Reihe von Einwänden zusammengefaßt, welche Bayern und Würtemberg s e i t d e m A b s c h l u ß d e s H a n d e l s v e r t r a g e s gegen denselben vor= bringen. Um zu zeigen, daß dieselben sämmtlich aus der Luft ge= griffen sind, wird es gut sein, sich zu vergegenwärtigen, welche Ver= pflichtungen, und mit welchem Grunde dieselben seitens Oesterreichs und seiner süddeutschen Bundesgenossen aus dem Februarvertrage hergeleitet werden.

Oesterreich behauptet zuvörderst — unter Assistenz seiner Parteigenossen — ein wohlerworbenes Recht darauf zu haben, Seitens des Zollvereins als die meiftzubegünftigende Nation betrachtet zu werden ; es behauptet, es liege ein Vertragsbruch darin, wenn es gezwungen werde, seine meiftbegünftigte Stellung mit anderen Nationen zu theilen. — Insoweit diese Ansprüche aus den Eingangsworten des Februarvertrages herausinterpretirt werden, ergiebt sich ihre Haltlofigkeit von selbft. „rc. — Von dem Wunsch geleitet, den Handel und Verkehr zwischen ihren Gebieten durch ausgedehnte Zollbefreiungen und Zollermäßigungen, durch vereinfachte und gleichförmige Zollbehandlung und durch erleichterte Benutzung aller Verkehrsanstalten in umfaffender Weise zu fördern, und in der Absicht, Ihre Zolleinnahmen zu fichern und die allgemeine deutsche Zolleinigung anzubahnen, haben — rc. folgenden Vertrag abgeschloffen:" Dies die Eingangsworte des Februarvertrages. Uebliche Phrasen, die für den Vertrag felbft nicht das mindeste Gewicht haben. Es könnten an derselben Stelle Phrasen ftehen, die ungefähr das Gegentheil bedeuten, ohne daß dies den Inhalt oder die Ausführung des Vertrages alterirte. Daß „die allgemeine deutsche Zolleinigung" Seitens Preußens nicht auf der Bafis des Prohibitivfyftems angebahnt werden kann, versteht sich von felbft. Es soll dies eben zunächst durch den Februarvertrag geschehen; es ist den Kontrahenten beiderseits nicht unterfagt, nach diesem Ziele hin noch andere geeignet scheinende Wege zu betreten. Preußen hält die allgemeine Tarifreform für einen solchen Weg, und würde daher völlig in seinem Rechte sein, wenn es behauptete, daß es den allgemeinen Zweck des Februarvertrages sogar durch den deutschfranzösischen Handelsvertrag ganz besonders wirksam anftrebe, ohne übrigens durch den Februarvertrag zu solchen Beftrebungen überhaupt irgend verpflichtet zu sein.

Aber den Eingangsworten des letzteren Vertrages legt man auch nur eine nebenfächliche Bedeutung bei. Im Wesentlichen ftützt man sich auf Artikel 2, wo es heißt: „Hinfichtlich des Betrages, der Sicherung und der Erhebung der Ein-, Aus- und Durchfuhrabgaben dürfen von keinem der kontrahirenden Staaten dritte Staaten günftiger als der andere kontrahirende Theil behandelt werden. Jede, dritten Staaten in diesen Beziehungen eingeräumte Begünstigung ist daher ohne Gegenleistung dem andern kontrahirenden Theile einzuräumen." Zu dem Ende soll es nach Artikel 4 demjenigen kontrahirenden Theile, welcher „für eine von den in Anlage 1 genannten Waaren eine Ermäßigung seines gegenwärtigen allgemeinen Zolltarifs, sei es allgemein, oder für gewisse Grenzstrecken oder Zollämter, eintreten lassen will", obliegen, „dem andern Theile von dieser Ermäßigung mindestens drei Monate vor deren Eintreten Nachricht zu geben." Nun — man sieht: der Fall, der jetzt vorliegt, die allgemeine Ermäßigung der Eingangszölle des Zollvereinstarifs, ist im Februarvertrage vorgesehen. Sobald Preußen im Besitz der Ratificationserklärungen seiner Zollverbündeten gewesen wäre, würde es nicht gesäumt haben, Oesterreich die pflichtschuldige Anzeige zu machen — und dann wäre dem Februarvertrag Genüge geschehen. Dann wäre Oesterreich in die Reihe der meistbegünstigten Nationen eingetreten; es wäre in der That noch besonders begünstigt; denn der neue Tarif will ihm für eine Menge seiner wichtigsten Ausfuhrartikel, wie Wein, Seidenwaaren, feine Lederwaaren u. s. w. den Zollvereinsmarkt erschließen. Wir haben Grund, es zu bezweifeln, daß die Exportinteressen Oesterreichs diese Vortheile gleich geringschätzig betrachten werden, wie es Oesterreichs auswärtige Freunde thun. — Man hat ferner die Kühnheit, zu behaupten, daß nach Artikel 4 des Februarvertrages die Kontrahenten zwar nicht verhindert seien, einzelne Positionen ihrer Tarifsätze abzuändern, daß aber der mit Frankreich vereinbarte Vereinstarif eine völlige Aenderung des gesammten Vereinszollsystems enthalte, daß man damit vom Schutzollsystem „zum System niedriger Finanzzölle übergehe", und daß nach dem Sinne des Februarvertrages keiner der vertragschließenden Theile eine solche Reform sich erlauben dürfe ohne Genehmigung des anderen Theiles. Es ist gern zu glauben, daß es Oesterreich sehr erwünscht wäre, wenn es sich im Besitze eines schulmeisterlichen Aufsichtsrechtes über die Zollvereinspolitik befände; aber beim Abschluß des Februarvertrages hat man leider österreichischerseits es versäumt, sich solche Berechtigungen zu stipuliren.

Ferner hat man aus dem Februarvertrage die Forderung ab-
leiten wollen, daß der Handelsvertrag nicht auf eine über die gegenwärtige Dauer des Zollvereins hinausreichende Zeit abgeschlossen
werde. Eine Weisung des Grafen Bernstorff an Herrn v. Werther
in Wien vom 7. April d. J. hatte diesem Ansinnen bereits sein Recht
angedeihen lassen; es scheint, als wären die dort angegebenen Gründe
für den Abschluß auf eine über das Jahr 1865 hinausreichende Zeit
Oesterreich doch zu einleuchtend gewesen, um sie anzufechten; ein
österreichisches Memorandum vom 7. Mai d. J. beschränkt sich
daher einfach auf eine Wiederholung der Forderung. Im Handelsvertrag sind die wichtigsten Herabsetzungen des Vereinszolltarifes bis
auf den 1. Januar 1866 verschoben. Wir gestehen, daß, wenn diese
Verschiebung wirklich vorzugsweise aus zarter Rücksicht auf Oesterreich
und den mit demselben bestehenden Februarvertrag beliebt worden
sein sollte, wie preußischerseits behauptet wird, diese Rücksichtnahme
gegen Oesterreich uns um so mehr befremdet, da sie nur auf Kosten
der zollvereinsländischen Konsumenten geübt werden kann. Oesterreichs Undank will uns dann wie eine gerechte Nemesis erscheinen.

Daß der Februarvertrag weder ausdrücklich, noch implicite
einen der Kontrahenten hindert, Handelsverträge abzuschließen mit
wem und auf wie lange er will, brauchen wir nur anzudeuten.

Endlich protestirt man gegen das beliebte Maß der Herabsetzung
des Zollvereinstarifs. — Die allgemeine handelspolitische Kritik,
welche man bei dieser Gelegenheit gegen das angeblich durch den
deutsch-französischen Handelsvertrag angebahnte neue Zollsystem übt,
bedarf keiner eingehenden Würdigung; es möge genügen, darauf
hinzuweisen, daß man den neuen Tarif für einen „niedrigen
Finanzzolltarif" hält, während freilich andererseits Oesterreich
selbst wiederholt beducirt hat, daß die Ermäßigungen dieses Tarifes in
denjenigen Artikeln, worin Oesterreich Ermäßigungen brauchen könne,
(z. B. Wein) nicht weit genug gehen, um den österreichischen
Exportinteressenten zu genügen. Man sieht, wie Oesterreich und sein
süddeutscher Anhang die „allgemeine deutsche Zolleinigung" verstehen.
Man will Oesterreichs Eingangszölle, wenigstens für alle Fabrikate,
bei ihrer jetzigen prohibitiven Höhe bestehen lassen; man will den

Zollverein mit einer, vielleicht noch unübersteiglicheren Prohibitiv=
grenze gegen das Bundes=Ausland umgeben wissen; für die öster=
reichische Zollgrenze will man ihm einen besonderen Tarif vorschreiben
(z. B. Wein zollfrei, Seidenwaaren zollfrei, Baumwollenwaaren zoll=
frei, steirisches Eisen und Eisenwaaren zollfrei u. s. w.). Das ist die
österreichische Auffassung vom Siebenzigmillionenreich:

Allein die allgemeine Mißbilligung der Reform des neuen Zoll=
vereinstarifs giebt doch noch keinen Protestgrund ab. Der Protest=
grund liegt darin, daß durch diese Reform Oesterreich genöthigt werde,
nach dem ihm vertragsmäßig zustehenden Rechte seine Zwischenzölle
gegen den Zollverein bis zu einem Maße zu erhöhen, welches nicht
mehr lohnend erscheinen ließe, französische Waaren im Zollverein zu
verzollen und dann gegen den Zwischenzoll nach Oesterreich überzu=
führen. Nun heißt es aber bekanntlich im Art. 4 des Februarver=
trages nicht: „Wenn einer der contrahirenden Theile — — eine
Ermäßigung seines allgemeinen Zolltarifs — — — eintreten lassen
will, so liegt es ihm ob, — dem anderen Theile von dieser Er=
mäßigung — — Nachricht zu geben, und es muß alsdann der
andere Theil diese Waaren einem Zwischenzolle, beziehungsweise einer
Erhöhung des Zwischenzolles unterwerfen," sondern es heißt selbst=
verständlich: „und es bleibt alsdann, vorbehältlich anderweiter Ver=
ständigung, dem anderen Theile freigestellt, diese Waaren einem
Zwischenzolle ꝛc. zu unterwerfen." Man ist zu gewissenhaft, wenn
man Oesterreich durch diesen Passus für verpflichtet hält, eine
Erhöhung der Zwischenzölle eintreten zu lassen, also eine Maßregel
einzuführen, die, wenigstens nach unserer Auffassung der Sache,
Oesterreich selbst zum größten Nachtheil gereichen würde. Jedenfalls
aber, wenn wirklich die Einführung und bezüglich Erhöhung von
Zwischenzöllen (anstatt der Ermäßigung der Außenzölle) durch die
Ermäßigung der Vereinstarifsätze unumgänglich wird, kann Preußen
nicht dafür verantwortlich gemacht, kann, wenigstens auf dem Grunde
des Februarvertrages, der Zollverein nicht gezwungen und an ihn
nicht das Ansinnen gestellt werden, Oesterreich diese angeblich unum=
gängliche Maßregel zu ersparen. —

Wenn sich so alle seitens Bayerns und Würtembergs gegen den

Handelsvertrag vorgebrachten Einwände bei Lichte beseßen als grund-
los herausstellen, andererseits aber die Regierungen dieser beiden
Staaten mit äußerster Hartnäckigkeit dabei beharren, und man wohl
überzeugt sein darf, daß sie dessen sich klar bewußt sind, was sie
durch ihre beharrliche Weigerung auf's Spiel seßen, so liegt die Frage
nahe, welches denn wohl die wirklichen und geheimen Triebfedern
dieser Weigerung sein mögen.

Wer sich dem zwischen dem Zollverein und der politischen Lage
des deutschen Staatenbundes bestehenden Zusammenhang vergegenwärtigt, kann über diese Triebfedern keinen Augenblick zweifelhaft sein.

Preußen hat den Zollverein gegründet; Preußen hat ihn —
aus politischen Gründen — als ein Organ seines Einflusses — mit
erheblichen Opfern zusammengehalten. Der Handelsvertrag, wenn
er zu Stande kam, sicherte Preußen seinen Einfluß nicht nur über
die dritte Periode der Zollvereinsverträge hinaus, sondern verstärkte
denselben sogar. Es war zu befürchten, daß der Zollverein, abgesehen von der Tarifreform, auch im Uebrigen im Jahre 1866 nicht
wieder in der alten, sondern in einer den realen Machtverhältnissen
mehr entsprechenden neuen Form zusammentreten werde. Die preußischen Reformgedanken huben — so meinten Preußens Gegner —
mit dem Handelsvertrage und der Tariform an um mit der Ver-
fassungs- d. i. der **Bundesreform** zu enden. Dem mußte rechtzeitig ein Damm entgegengesetzt werden.

Es ist das politische Interesse, welches Oesterreich,
und in zweiter Linie Bayern und Würtemberg dazu
treibt, den Handelsvertrag auf dem Grunde des
Februarvertrages und mit andern, nicht weniger un-
tüchtigen Waffen anzugreifen; es ist die Furcht vor
der durch den Handelsvertrag eingeleiteten Wieder-
belebung der Zollvereinspolitik, die Furcht vor der
unwiderstehlichen Waffe, welche das Schicksal Preußen in Gestalt des Zollvereins in die Hand gelegt hat,
und welche Preußen im Jahre 1863 brauchen könnte,

um, blos kraft ihres Ansehens, auf dem friedlichsten
Wege der Welt, große Dinge zu erreichen.

Was bei den Mittelstaaten als Furcht erscheint, erscheint bei
Oesterreich als Eifersucht und Mißgunst — vielleicht als Selbsterhal-
tungstrieb.

Man braucht nur die Zeit des ersten Auftretens des bayrisch-
würtembergischen Widerspruches zu beachten, um alsbald zu erkennen, daß er österreichischen Ursprunges ist.

Derselbe trat erst dann auf, als das österreichische Zolleinigungsprojekt zu Tage getreten war, d. h. als Oesterreich in
die Lage gekommen war, anstatt mit Worten und Noten, mit Thaten,
mit einem Entschluß, oder wenigstens mit dem Scheine einer Ent-
schließung das Zustandekommen des Handelsvertrages zu verhindern,
m. a. W. bis Oesterreich die Parole zu einer entschiedenen Offensive
gegeben hatte. Vorher — sei es, daß es nicht in dem österreichischen
Feldzugsplane lag, seine süddeutschen Verbündeten früher in's Ge-
heimniß zu ziehen, sei es, daß der Feldzugsplan überhaupt noch nicht
vollendet war — denn es hat viel Mühe gekostet, das Zolleinigungsprojekt und die Bekämpfung des Handelsvertrages in Oesterreich in
maaßgebenden Kreisen populär zu machen — vorher gingen Bayern
und Würtemberg in allen wesentlichen Stücken mit Preußen einig.

Der Plan der österreichisch-deutschen Zolleinigung, von der
Oesterreich laut Denkschrift vom Sept. 1861 noch damals sich nicht
verhehlte, „daß ihr unübersteigliche Hindernisse im Wege stehen,‟
tauchte bekanntlich in der Depesche vom 10. Juli 1862 zuerst wieder
auf. Dieser Depesche war der Entwurf eines Präliminarvertrages
nebst besonderer Verabredung und Motiven beigegeben.

Wir dürfen diese Schriftstücke, welche einen neuen Akt in der
Zollvereins-Krisis eröffneten, als bekannt voraussetzen. Es wird
nur einiger Bemerkungen bedürfen, um die Unannehmbarkeit dieses
Planes — ja vielleicht, um darzuthun, daß es Oesterreich nicht
wirklich auf die Durchführung desselben ankommen kann, sondern,
daß es sich der unübersteiglichen Hindernisse, welche dem Zolleinigungs-

projekte nicht etwa nur auf Seiten des Zollvereins, sondern im eignen Lande*) entgegenstehen, noch heute recht wohl bewußt ist.

Oesterreich bietet uns also jetzt wiederum eine „gänzliche Zolleinigung" an. Darunter würde nach bisheriger handels=politischer Redeweise die Herstellung völlig freien Verkehres im Inne=

---

*) Es zeugt für eine große politische Opferfreudigkeit, wenn namhafte öster= reichische Industrielle das Rechbergische Projekt zu stützen sich bereit zeigten. Oder wären die Hervorragenderen unter ihnen unterrichtet gewesen, daß es sich nur um ein Schein = Manoeuver handelt? Die industriellen Enquêten, welche der Verein österreich. Industriellen in einigen Haupt=Fabrikdistrikten mit so großem Eclat in's Werk setzte, sind freilich nicht günstig ausgefallen. In der Sitzung des Vereins vom 9. Oktober zu Wien wurden die Ergebnisse der veranstalteten Erhebungen zusammengestellt, und es stellte sich Folgendes heraus: 1) Erhebung über Leinenwaaren in Freudenthal. Es wurde folgende Resolution angenommen: Die versammelten Industriellen aus Freudenthal, Wig= stadtl u. s. w. wünschen in Bezug auf Leinen= und fertige Damastwaaren den An= schluß Oesterreichs an den Zollverein, fordern aber zugleich: a) Einheit in Münze, Maaß und Gewicht, b) eine neue Konkursordnung, c) ver= besserte Communicationsmittel, d) Erleichterung im Escomptewesen, e) verbesserte Gewerbeschulen. 2) Erhebung über Leinenwaaren in Mährisch=Schönberg. Die Flachsspinner und Zwirner wünschen eine Zolleinigung, desgleichen die Weber von gröberen Leinen. Jene für feinere Gattungen wollen Opfer tragen, wenn das jetzige Vergleichsverfahren und die zwangsweise Bildung der Genos= senschaften aufgehoben werden. 3) Erhebung über Leinen=, Baum= woll= und Schafwollwaaren in Rumburg. Die Vertreter der Leinen= industrie und die Zwirner erklären sich mit der Zolleinigung unbedingt einver= standen. 4) Erhebung für Rübenzucker=Industrie in Olmütz. Ein An= schluß an den Zollverein ist der Zuckerindustrie nicht günstig. 5) Erhebung für Rübenzucker und Chemicalien in Prag. Zuckerindustrielle wie in Olmütz; der einzige anwesende Chemicalienfabrikant für den Anschluß. 6) Erhebung für Rübenzucker und Spirituosen in Wien. Konkurrenz in Zucker sei ohne Zwischenzolllinie unmöglich; die Spirituserzeugung werde zwar erst nach dem Inslebentreten der neuen Besteuerung einen veränderten Standpunkt gewin= nen, wesentliche Hindernisse gegen eine Zolleinigung seien jedoch nicht vorhanden. 7) Erhebung über Glaswaaren in Gablonz. Glas=, Bronce= und Bijou= teriewaaren=Erzeuger halten eine Konkurrenz mit dem Zollvereine für möglich und die Einigung für eine ersprießliche Erweiterung ihres Absatzgebietes. 8) Erhebung über Glaswaaren und Spiegel in Haida. Für hohles und raffinirtes Glas ist der Anschluß wünschenswerth, für die Spiegelfabrikation jedoch mit Opfern verbunden. 9) Erhebung für Leder und Lederwaaren in Prag. In

ren des ganzen Zollgebietes und der Gemeinschaft im Bezug der Zollrevenüen zu verstehen fein.

Das österreichische Angebot geht nicht bis zu dieser Gränze; das österreichische Projekt verdient den Namen einer Zolleinigung gar nicht. Der Name ist ein Köder. Nach dem Präliminarvertrage

Leder sei Oesterreich auf den Import angewiesen: die Handschuhfabrikanten wünschen den Anschluß. 10) Erhebung für Leder und Lederwaaren in Wien. Gleiche Ansichten wie in Prag; bessere Konkursordnung gewünscht. 11) Erhebung für Papierfabrikation in Wien. Eine Zolleinigung ist nur dann statthaft, wenn der Ausfuhrzoll auf Habern auf 4 fl. festgesetzt wird. 12) Erhebung für Baumwollspinnerei, Weberei und Druckerei in Reichenberg. Halbwollenwaaren-Fabrikation ist konkurrenzfähig; die anderen müßten Opfer bringen. 13) Erhebung für Baumwollspinnerei, Weberei und Druckerei in Rumburg. Weberei konkurrenzfähig, Druckerei könnte nur dann konkurriren, wenn für Bankfiliale und Kommunikationen gesorgt würde. 14) Erhebung für Spinnerei, Weberei und Druckerei in Prag. Für Spinnerei wäre der Anschluß nachtheilig; bezüglich der Weberei die Ansichten getheilt; ein Theil für unbedingten Anschluß, der andere für Einführung einer Uebergangsperiode; Druckerei für Anschluß unter Bedingung der Einführung von Zollvereinsschutz-zöllen. 15) Erhebung für Baumwollspinnerei, Weberei und Seidenwaarenerzeugung in Wien. Glatte Seidenstoffe nicht konkurrenzfähig. Baumwollspinnerei, Weberei und Druckerei desgleichen. 16) Erhebung für Eisen- und Maschineninbustrie in Prag. Eine Konkurrenz wäre mit Opfern verbunden. 17) Erhebung für Eisen- und Metallwaarenerzeugung, Maschinenfabrikation, Werkzeuge und Instrumente in Wien. Die Eisen-Industriellen wollen die zu gewärtigenden Opfer tragen, wenn auf das Geld- und Kreditwesen, Verbesserung der Kommunikationen und Herabsetzung der Frachtsätze gesehen würde; ebenso ein Theil der Maschinenfabrikanten; ein anderer Theil derselben gegen jeden Anschluß. Metallwaarenfabrikanten besorgen indirekten Schaden von Frankreich. Musikalische Instrumente sind konkurrenzfähig, optische nicht.

Demnach wurde in der genannten Sitzung nach heftigen Diskussionen der unbedingte Anschluß an den Zollverein von der Mehrheit der Mitglieder abgelehnt und folgender Antrag (52 gegen 43 Stimmen) zum Beschluß erhoben: Der Verein der österreichischen Industriellen konstatirt auf Grund der stattgefundenen Enquêten: „Daß der sofortige Eintritt Oesterreichs in den deutschen Zollverein von den Angehörigen verschiedener Industriebranchen befürwortet worden ist, daß jedoch der größere und wichtigere Theil der Industrie diesen Eintritt für unzulässig hält, respektive von der vorherigen Erfüllung solcher Vorbedingungen abhängig macht, wodurch mindestens die größten Nachtheile ausgeglichen werden, unter

soll der Verkehr mit Kolonialwaaren und deren Surrogaten, mit den daraus gebildeten oder zusammengesetzten Gegenständen der Konsumtion, mit Tabak, Branntwein und allen übrigen Gegenständen eines Staatsmonopols, oder einer inneren Steuer in einem der Gebietstheile, nach wie vor n i ch t frei sein. Man muß beachten, daß die genannten Artikel gerade zu den wichtigsten Finanzzollartikeln gehören. Die Gebundenheit des Verkehrs mit diesen Artikeln wird nur als eine Ausnahme bezeichnet; in der R e g e l soll. der Verkehr frei sein. Die Ausnahme umfaßt aber eine viel wichtigere Kategorie, als die Regel; denn für diese letztere bleibt nur die Minderzahl der Finanzartikel und bleiben die Rohmaterialien übrig. Die letzteren sind aber bereits jetzt, nicht nur Oesterreich, sondern der ganzen Welt gegenüber großentheils von der Eingangsabgabe befreit.

Nach dem Präliminarvertrage soll ferner die Theilung des Zolleinkommens die Ausnahme bilden, dem Wortlaute nach also in finanzieller Hinsicht das Ziel der Zolleinigung möglichst erreicht werden. Allein in Wirklichkeit bleibt man auch in f i n a n z i e l l e r Hinsicht österreichischerseits dem Ziele der Zolleinigung ebensofern, als in Hinsicht auf den Verkehr; denn die „ausnahmsweise" Thei-

---

tenen die österreichische Industrie gegenüber dem konkurrirenden Zollverein arbeitet. Der Verein ist der Ansicht, daß der vollständige Eintritt Oesterreichs in den Zollverein auch nach Erfüllung dieser Vorbedingungen dem österreichischen Gewerbefleiße noch große Opfer auferlegen werde, daß diese Opfer aber dem wünschenswerthen großen Ziele einer ganz Deutschland umfassenden Zolleinigung gebracht zu werden verdienen. Der Verein befürwortet zur Erreichung dieses Zieles die weitere Entwicklung des engeren Anschlusses Oesterreichs an den Zollverein auf dem Wege der ferneren Tarifermäßigung des Februarvertrages bis zu dem jetzt schon zu fixirenden Zeitpunkte der völligen Zolleinigung, wobei die Resultate der Enquêteversammlungen die sachgemäße Berücksichtigung finden mögen, indem für die konkurrenzfähigen Zweige schon jetzt die Zwischenzölle auf das geringste Maß zurückgeführt, die berechtigten Wünsche der noch schutzbedürftigen Branchen aber bis zum Zeitpunkte der Zolleinigung ebenfalls berücksichtigt werden können."

Dabei muß jedoch bemerkt werden — und das macht das Resultat der Erhebungen noch weit ungünstiger —, daß den Betheiligten die Frage gar nicht vorgelegt worden ist, ob sie eine Zolleinigung selbst dann für thunlich halten, wenn der Zollvereins-Tarif vorher einer gründlichen und allerseits im Zollvereine erwünschten Ermäßigung unterworfen werde.

lung soll stattfinden bei den Zollerträgen von Garn, Geweben, Papier, Leder, Eisen, Glas, Thon-, Metall-, und kurzen Waaren; die „regel= mäßige" Mittheilung soll stattfinden bei den Zollerträgen von allen übrigen Artikeln.

Indeß — wie wenig auch das, was Oesterreich zu bieten sich den Anschein giebt, den Namen einer Zolleinigung verdient*), so würde das Verhältniß zwischen Oesterreich und dem Zollverein, wenn es auf der Grundlage des Präliminarvertrages gestaltet würde, doch in einer Beziehung an den Zollverein dieselben Ansprüche erheben, wie eine gänzliche Zolleinigung.

Dieses Verhältniß würde nämlich, wenn es einen bloßen Ver= such überdauern sollte, jenes gegenseitigen Vertrauens nicht entbehren dürfen, welches, durch die vorhandene Uebereinstimmung der wirth= schaftlichen und politischen Lage erzeugt, den Zollverein dreißig Jahre lang doch wenigstens nothdürftig zusammengehalten hat.

Zu diesem Vertrauen fehlt Oesterreich gegenüber jede Grund= lage. Die Großmacht Preußen gewährt dieses Vertrauen allenfalls seinen kleineren Verbündeten, und sie wiederum haben es ihm in der Regel nicht versagt; die Großmacht Preußen kann es aber nicht der Großmacht Oesterreich gewähren, auch selbst dann nicht, wenn die Eifersucht der Macht hier nicht im Spiele wäre.

„Mit den geschilderten Bedingungen einer vernünftigen Zoll= einigung" — heißt es in einer hier mehrerwähnten Schrift**) —, kontrastiren alle Elemente, welche die österreichische Monarchie in den Verein zu bringen hätte: ein weites Ländergebiet, welches an seinen südlichen Grenzen den ernstlichsten Verwicklungen mit Nach= barn ausgesetzt ist, mit denen wir außer Berührung stehen; eine eigene Bevölkerung aus dem buntesten Gemisch verschiedener Natio= nalitäten und Sprachen, die einander zum Theil feindlich gegenüber und zur größeren Hälfte auf einer ungleich tieferen Kulturstufe stehen, als Deutschland; verhältnißmäßige Armuth auf reichem Boden; zerrüttete Finanzen unter einer Verwaltung, die erst kürzlich ange=

---

*) Die Vorschläge würden nicht etwa dadurch annehmbarer, wenn sie diesen Namen wirklich verdienten.

**) Der Zollverein und die Krisis, mit welcher er bedroht ist. S. 26. ff.

fangen hat, sich dem Rufe der Bestechlichkeit zu entwinden; im Ganzen beschränkte Entwicklung der Kommunikation und des Handels —
das Ganze eine herabgekommene Größe mit dem Ehrgeize und der
Anmaßung, in Deutschland unbedingt zu herrschen." —

Die Vergrößerung des Zollvereinsgebietes an und für sich ist
mit Nichten ein Vortheil, am wenigsten dann, wenn man, wie es
nach dem österreichischen Präliminarvertrage der Fall sein würde,
durch Hinausschiebung der Grenzen unerwünschte, nämlich uncivili-
sirte Nachbarn (Serbier, Bosnier, Militairgrenze) erhalten würde.

Bei gleichbleibenden wirthschaftlichen Verhältnissen ist der Vor-
theil der Gebietsvergrößerung nicht gering anzuschlagen, daß die
Grenze verhältnißmäßig zu dem Territorium kürzer wird, also die
Grenzschutz- und die Verwaltungskosten überhaupt sich verringern.

Allein auch diesen Vortheil gewährt der Präliminarvertrag nicht;
er sieht von der Zwischengrenze bekanntlich nicht ab; er dehnt die
Außengrenzen aus nach einer Richtung hin, von der nicht viel regu-
lärer, aber desto mehr irregulärer, desto mehr Schmuggel-Verkehr zu
befürchten wäre.

Unser Absatz nach Oesterreich kann, so lange die österreichischen
Valutaverhältnisse nicht geregelt sind, und so lange die österreichische
Industrie durch den ungünstigen Stand der Valuta einen hohen
Schutzzoll genießt, selbst in denjenigen Artikeln sich nicht erheblich
steigern, welche zollfrei (wenn auch nicht kontrolefrei) hinübergehen
können, und, so lange die Gefahr innerer Kriege in der Gesammt-
monarchie nicht auf die Dauer beseitigt ist — (wann wird dieser Zustand aber einmal eintreten?), bleibt der österreichische Markt immer
ein sehr unsicherer Markt für uns, auf dem Gewinn und Verlust sich
jeder Berechnung entziehen.

Ueber die finanziellen Folgen der angebotenen Zolleinigung läßt
sich mit einiger Zuversicht nicht urtheilen. Sollten die Verwaltungskosten — wenigstens die der Grenz-Verwaltung — gemeinschaftlich
getragen werden, worüber aus dem Präliminarvertrage nichts erhellt, so würde die österreichische Grenzbewachung stark in's Gewicht fallen, zu einer Schwächung der finanziellen Vortheile des
Zollvereins sehr wesentlich beitragen. Nach einer auf Grund des

dermaligen beiderfeitigen Zollertrages angestellten
Schätzung ergiebt sich, daß an den eigentlichen Finanzzöllen der
Zollverein keine wesentliche Einbuße erleiden, und daß die Einbuße
an dem Ertrage derjenigen Einfuhrartikel, deren Zolleinkünfte nach
dem Präliminarvertrage der Gruppe verbleiben, wo sie erhoben werden, nicht beträchtlich, wogegen der vorgeschlagene Theilungsmaaß-
stab für die Fabrikatenzölle ($^3/_8$ Oesterreich, $^3/_8$ der Zollverein) unbedingt für den Zollverein ungünstig sein würde. Allein genau, wie
gesagt, läßt sich die finanzielle Seite der angebotenen Zolleinigung
noch nicht übersehen. Auf sie ist jedenfalls nicht das wesentliche Gewicht zu legen.

Die stärksten Bedenken muß es erregen, wenn Oesterreich sich
anheischig macht, der gegenwärtigen Organisation des
Zollvereins, und nur dieser, beizutreten.

Bei der jetzigen Organisation des Zollvereins hat jedes Vereins-
glied die Befugniß, durch seinen Widerspruch jeden in Frage kommenden Fortschritt zu vereiteln. Allen Respekt vor den Fortschritten,
welche Oesterreich in seiner inneren Verwaltung neuerdings gemacht
hat. Aber — wer aus dem zweifelhaften Aufleben einer kräftigen
und liberalen inneren Politik des Kaiserstaates darauf schließen wollte,
daß derselbe nun auch in der auswärtigen Politik aufhören werde, der
Hemmschuh der deutschen Entwickelung zu sein — der würde in einem
großen Irrthume befangen sein. Der Argwohn liegt nahe, daß
Oesterreich sich in den Zollverein hineinstürzen will, um mit seinen
Würzburger Bundesgenossen der handelsfreiheitlichen Entwickelung
Deutschlands ein stets wirksames „Halt!" entgegenrufen zu können.
Freilich noch näher liegt der Argwohn, daß Oesterreich selbst weder
daran denkt, noch es wünscht, daß seine Vorschläge überhaupt nur
ernstlich in Betracht gezogen werden.

Jedermann weiß, daß ein einiges Deutschland unter Preußens
und Oesterreichs Führung einem Wagen gleichen würde, an dem ein
Pferd vorwärts, ein anderes rückwärts zieht. Würde nicht auch ein
österreichisch-deutscher Zollbund auf Grundlage des jetzigen Zollvereins einem solchen Wagen gleichen?

Jedermann hofft und hält es für dringend nothwendig, daß der

Schwerfälligkeit der Zollverfassung ein Ende gemacht, daß in deut=
schen Zollangelegenheiten den wirthschaftlichen Machtverhältnissen
Rechnung getragen, der Stimme der Betheiligten, des Volkes, die ver=
diente Geltung verschafft, eine mächtige und zu raschem Eingreifen
befugte Executive geschaffen werde. Kann es frommen, daß die Zu=
stände, deren gänzliche Reform man heiß ersehnt und mit allen Kräf=
ten anstrebt — durch Oesterreich verewigt werden?

Oder will auch Oesterreich ein deutsches Zoll= und Handels=
ministerium und ein deutsches Parlament? Will es, um an diesen
Schöpfungen um so mehr in seinem Sinne mit modeln zu können,
schon vor 1865 im deutschen Zollverein, der freilich eine wichtige und
gefährliche Handhabe ist, so lange er ohne Oesterreich besteht, mit
untergebracht sein? Nun — dann käme es eben wieder in Frage, ob
denn unsere Beziehungen zu den Czechen und Magyaren, zu den Ru=
mänen und Wallachen u. s. w. in der That so innige sind, daß eine
solche Handelseinigung uns auch nur irgend welche Vortheile in Aus=
sicht stellte. Hier kommen wir eben auf die deutsche Bundesfrage,
deren Lösung überhaupt noch lange auf sich warten lassen kann, jeden=
falls dann aber ad Calendas Graecas verschoben wäre, wenn der
Zollverein Oesterreich in die weitausgebreiteten Arme fiele.

Wie aufrichtig übrigens die Bekehrung des Herrn von Rechberg
zu der in seinen Augen doch wohl ganz handelsfreiheitlichen Richtung
des Zollvereins ist, wird der aufmerksame Leser aus den hier und da
in den Präliminarvertrage eingeschmuggelten Reserven entnehmen
können.

Und endlich: der deutsch=französische Handelsver=
trag soll in den Kehricht geworfen werden: Oesterreich
und Preußen werden gemeinschaftlich über einen neuen Vertrag mit
Frankreich und auch über einen solchen mit England verhandeln.

Das ist des Pudels Kern. Oesterreich denkt nicht an das Zu=
standekommen der Zolleinigung auf der Grundlage des Präliminar=
vertrages, es kann und darf nicht daran denken. Diese Zolleinigung
ist als ein Köder hineingeworfen in die trübe Fluth unserer jetzigen
handelspolitischen Zustände; ihr Angebot sollte die Lager, die sich im
Stillen schon gegenüberstanden, sollte das schutzzöllnerische Lager und

das freihändlerische, das würzburgische und das preußische zu offe=
ner Feindseligkeit gegeneinander entflammen, sollte den deutsch=fran=
zösischen Handelsvertrag noch in der zwölften Stunde vereiteln, sollte
eine Neubelebung der Zollvereinspolitik, eine neue Konsolidirung des
preußischen Einflusses in Deutschland unmöglich machen.

Oesterreich hat für jetzt sein Ziel erreicht; es hat die Krisis des
Zollvereins beschleunigt; es hat die Fortexistenz desselben ernstlich in
Frage gestellt. Es fragt sich, ob ihm seine Pläne auch des Weiteren
gelingen werden.

VI.

Die Zukunft des Zollvereins.

Die Zollvereinskrisis von 1862 hat einiges mit der von 1851
gemein; aber sie unterscheidet sich von derselben doch in ganz wesent=
lichen Punkten. Die Krisis von 1851 erschien in der Form eines
Handelsvertrags, den Preußen auf eigene Faust abgeschlossen hatte.
Es opponirten die Süddeutschen, welche eine Koalition bildeten, und sich
an Oesterreich anlehnten; Oesterreich fesselte die Koalirten mit einem
Zolleinigungsprojekt. Aber Preußen war damals aufs Tiefste ge=
demüthigt und geschwächt; seine Politik hatte vor der der Wiener
Hofburg in Olmütz die Segel streichen müssen.

Preußen gehört freilich heutzutage ebensowenig zu den maaß=
gebenden Mächten wie damals; aber es hat sich doch zu einer ge=
wissen Selbständigkeit, es hat sich wenigstens zur Politik „der freien
Hand" emporgeschwungen; jedenfalls steht es nicht mehr unter
österreichischem Einflusse. Zwischen Regierung und Volk besteht
ein beklagenswerther Zwiespalt, der die Kräfte des Staates lähmt,
und ihn nur noch tiefer zu dem Range eines europäischen Mittel=
staates hinabdrückt. Aber in einem Punkte besteht Harmonie
zwischen Regierung und Volk — auf dem handelspolitischen

Gebiete begegnen sich die beiderseitigen Wünsche, Pläne und For=
derungen.

Der Septembervertrag ferner mit dem Steuerverein war ein
lediglich preußisches Manöver; Preußen schloß ihn auf eigne
Faust, im eigenen Interesse, und die politischen Rücksichten waren
dabei mehr maaßgebend, als die volkswirthschaftlichen. Der Vertrag,
wenn der Zollverein ihn ratificirte, stellte demselben einige Vortheile,
aber auch große Opfer in Aussicht. — Die Augustverträge hat Preu=
ßen im Auftrage und mit Genehmigung seiner Bundesgenossen ver=
handelt. Jeden etwaigen Vorwurf eines illoyalen Vergebens in der
Angelegenheit kann Preußen mit unzweideutigen Vollmachten und
sonstigen Urkunden in der Hand pariren. Die politischen Rücksichten
traten bei dem deutsch=französischen Handelsvertrage in den Hinter=
grund. Der Vertrag stellt dem ganzen Zollverein große wirthschaft=
liche Vortheile in Aussicht ohne Opfer von ihm zu verlangen, welche
im Sinne einer aufgeklärten Handelspolitik Opfer genannt werden
dürften. Den Vertrag nicht eingehen hieße, leichtsinnig auf einen
sich darbietenden Gewinn verzichten.

Die Koalition, welche Preußen heute gegenüber steht, zählt ein
wichtiges Glied, Baden, nicht in seinen Reihen; in einem anderen
wichtigen Koalitionsstaate, Sachsen, ist die Genehmigung des Ver=
trags bereits erfolgt; die Koalition hat an Sachsen keinen Bundes=
genossen, auf den sie rechnen kann. Sie hat einen neuen Bundes=
genossen im Norden, Hannover. Sie wird auch unbedingt auf ihn
nicht zählen können. Und sie ist heute lediglich eine Koalition der
Kabinette; die Bevölkerungen haben unzweideutig kund gegeben,
daß sie wenigstens keine Opposition dulden würden, die zum Aeußer=
sten, zur Sprengung des Zollvereins, führen würde.

Und Oesterreich? Oesterreich hielt die Darmstädter Koalition
mit der Eröffnung einer Aussicht auf Garantie der Zolleinkünfte hin;
es schrumpften schließlich alle seine Anerbietungen bis auf den Februar=
vertrag zusammen. Jetzt läßt es durchblicken, daß ihm eine Zolleini=
gung mit dem halben Zollvereine nicht genüge; es eröffnete
seine Einmischung in die Zollvereins= und Handelsvertrags=Frage mit

hochfliegenden Plänen — um sich zu bekennen, daß es dieselben nicht durchzuführen vermag.

Vor Allem aber besteht e i n wesentlicher Unterschied zwischen der heutigen Krisis und der vor zwölf Jahren. Der Zollverein ist um zwölf Jahre älter geworden, älter geworden in einer Periode, die sich aus= zeichnet durch einen seltenen Aufschwung des deutschen Handels=, Ge= werbs= und Verkehrslebens, und in der zugleich, in gleichem Schritt mit dem Wachsthum des Wohlstandes und der Bildung, eine Macht in Deutschland groß geworden ist, die über alle Mächte geht, unter welche die Kabinette sich beugen müssen, vor der die Einzelinteressen und partikularistischen Gelüste nicht bestehen können — wir meinen die Macht des politischen Gemeingeistes, die Macht der öffentlichen Meinung.

Wer diesen neuen und gewaltigen Faktor in öffentlichen Ange= legenheiten nicht geflissentlich übersieht, der wird sich deß getrösten können, daß Diejenigen schlecht rechnen, welche auf eine Spaltung des Zollvereins spekuliren.

Man kann es mit einem Hinweise auf zahllose und überein= stimmende Kundgebungen der öffentlichen Meinung, welche sich in Deutschland nachdrücklich und ernsthaft zu Gunsten der Erhaltung des Zollvereins vernehmen ließ, man kann es mit einem Hinweise auf die zahllosen wirthschaftlichen Existenzen, welche auf die Erhaltung des Zollvereins gegründet sind, darthun, daß eine Sprengung dieses Vereines unmöglich ist; man wird Denen beistimmen müssen, welche jeden Versuch einer solchen Sprengung als ein ebenso nutzloses, wie frevelhaftes Beginnen, als das Signal zu einer großen und unwider= stehlichen Massenerhebung bezeichnen — aber man kommt auch auf dem Wege der nüchternsten Rechnung zu dem nämlichen Ziele.

Diesen letztern Weg beschreitet der Verfasser der mehrerwähnten Schrift: „der Zollverein und die Krisis, von welcher er bedroht ist,“ wenn er nachweist, daß der Steuerverein, falls er sich wieder isoliren wollte, unerschwingliche Kosten zu bestreiten und unersetzliche Ein= bußen zu erleiden, daß Bayern und Würtemberg im Falle der Isoli= rung einen Ausfall von gegen 3 Millionen Thalern in ihren Finan= zen zu decken haben würden, daß die junge Industrie des Steuervereins zu Grunde gehen müsse, wenn ihr Debitkreis im ferneren Verkehre wieder auf das beschränkte Ländergebiet zurückgeschraubt würde, daß Bayerns und Würtembergs Industrie des freien Verkehrs mit Sachsen, Thüringen und Preußen nicht entbehren, und Oesterreich ihnen kein Aequivalent für diesen Markt bieten könne, Oesterreich, dessen Zufuhr aus dem Zollverein durch die Zwischenzölle nur um ein Minimum befördert, dessen Ausfuhren nach dem Zollverein aber gleichzeitig ganz erheblich gestiegen seien.

Wenn wir hinzufügen, daß Oesterreich blos mit der südlichen Hälfte des Zollvereins nach neueren offiziellen Andeutungen nie und nimmermehr, selbst nicht um den Preis des ausschließlichen politischen Supremats in diesen Ländern, einen Bund zu flechten gedenkt, daß also Bayern und Würtemberg der Trost, eine Entschädigung für den Verlust des norddeutschen Marktes in dem Vierzig-Millionen-Reich zu finden, von vorneherein benommen ist: so halten wir den Beweis für vollständig und unwiderleglich. —

Aber ist es denn wirklich der „Zollverein," den man erhalten sehen will, und dessen Erhaltung zu einer Existenzfrage für das außerösterreichische Deutschland geworden ist?

Ist es jener wunderbare völkerrechtliche Bund mit seiner Vielköpfigkeit, seiner Schwerfälligkeit, mit seiner jeden Fortschritt ausschließenden unglücklichen Organisation? Hand in Hand mit den Kundgebungen für die Erhaltung gehen die für die Reform des Zollvereins. Man kann sagen: die eine ist ohne die andere nicht denkbar, und es ist nicht die Schaale, welche man erhalten wissen will, sondern der Kern, es ist nicht das Vertragswerk, wie es sich drei Jahrzehnte hindurch mühsam fortgeschleppt hat — es ist die thatsächliche Gemeinschaft der wirthschaftlichen Interessen, welche sich trotz der Mangelhaftigkeit der Organisation des Vereins emporgearbeitet hat zu einer bestehenden und nicht hinweg zu deutelnden Macht.

Allein je höher diese Gemeinschaft zu schätzen ist, desto dringender erhebt sich die Forderung, daß ihr auch sichere formelle Garantieen gewährt werden. Je enger die Vereinsgebiete durch die innere Handels- und Verkehrsfreiheit mit einander sich verbunden haben, um so empfindlicher wirkt jene Haltlosigkeit und Unsicherheit der Formen, welche, bestimmt, die Verkehrsfreiheit zu gewährleisten, dieser ihrer Bestimmung entgegen, so geartet sind, daß sie die erstern mindestens alle zwölf Jahre einmal ernstlich in Frage stellen.

Angenommen selbst, daß keine Zollvereinskrisis mehr im Stande wäre, bei denen, welche die öffentlichen Angelegenheiten mit histo= rischem Verständniß, mit der Ueberzeugung, daß die Wirklichkeit nie auf die Dauer mit der Naturnothwendigkeit im Widerspruche sich be= finden kann, zu betrachten gewohnt sind, den Glauben an die Unzer= störbarkeit des thatsächlichen Inhaltes des Zollvereins zu erschüttern — die große Menge liebt solche Reflexionen nicht; sie sind ihr nicht zuzumuthen; sie sieht und fühlt in jeder Krisis eine Krisis auf Leben und Tod; und sollte der Verein in seiner jetzigen Form noch zehn Krisen überdauern, so würde die zehnte doch nicht minder lähmend und beängstigend auf Handel und Verkehr wirken, als es seiner Zeit die erste gethan hat.

Es muß — darüber ist unter den Kundigen nur eine Stimme — es muß eine neue Form gefunden werden, unter der die Seg= nungen des freien Verkehrs sich ungestört fortentwickeln, in der die gemeinschaftlichen wirthschaftlichen Interessen eines großen und auf= strebenden Volkes einen unverkümmerten Ausdruck und eine sichere Gewähr finden können.

Die Ansichten über die Wege, auf denen dieses Ziel zu erreichen, gehen auseinander.

Die Einen sind der Ansicht, daß, da die Mängel des Zollvereins tiefer liegen, als in der Organisation dieses Vereins, man mit einer einseitigen Reform dieser Organisation das Ziel nicht erreichen werde; sie halten aber auch eine solche einseitige Reform für nicht durchführbar, sie halten es, um es kurz zu sagen, für unmöglich, den Verein mit seinem völkerrechtlichen, staatenbundlichen Charakter in ein bundesstaatlich organisirtes Institut umzuwandeln; sie vermögen sich den Bundesstaat für die wirthschaftlichen Interessen neben dem Staatenbund für alle übrigen gemeinschaftlichen Interessen des Volkes nicht zu denken; sie halten den Gedanken eines „Zollbundesstaates" für eine doktrinäre Erfindung, an deren Ausführbarkeit sie zweifeln, und die, wenn sie sich als ausführbar erweisen sollte, ihrem eigenen Zwecke nicht einmal Genüge thun, vor Allem aber ein Institut schaffen würde, welches mit dem daneben fortbestehenden Bundes= staate in endlose Konflikte gerathen müßte. Sie halten, in der Ueber= zeugung, daß die wirthschaftlichen Interessen Deutschlands unter dem nämlichen Mißverhältnisse leiden, welches der Macht und dem Ein= heitsstreben des deutschen Volkes überhaupt im Wege steht, in der Ueberzeugung, daß ein Staatsgebäude für blos wirthschaftliche Zwecke des Fundamentes, und somit des Haltes entbehren würde, die Bundesreform, die Umwandlung des deutschen Staatenbundes in einen Bundesstaat zwischen den außerösterreichischen Staaten, der mit Oesterreich in ein enges bundesstaatliches Verhältniß einzutreten habe, für die einzige wirksame Lösung wie der deutschen Frage über= haupt, so auch der Zollvereinsfrage. Sie identifiziren diese beiden Fragen. Sie halten dafür, daß das allgemein verbreitete Bewußt= sein von der Nothwendigkeit der Erhaltung der durch den Zollverein geschaffenen thatsächlichen Gemeinschaft namentlich Preußen eine sichere und wirksame Handhabe zur Durchführung der Bundesreform biete. Sie würden an Preußen die Forderung stellen, ein den Wünschen und Bedürfnissen des deutschen Volkes entsprechendes Bundes=Reform=Programm aufzustellen, und den Zollverbündeten dieses Programm entgegenzubringen mit der Erklärung, daß, wenn sie ein Eingehen auf dieses Programm verweigern sollten, Preußen den Zollverein zu erneuern Bedenken tragen müsse. Da sie aber der dermaligen preußischen Regierung weder die Fähigkeit, noch die Energie zur Durchführung eines solchen Programmes zutrauen, so bescheiden sie sich einstweilen bei der durch den deutsch=französischen Handelsvertrag eingeleiteten Reform des Zollvereinstarifs, und halten es für die Pflicht jedes Vaterlandsfreundes, mit voller und unge= theilter Kraft und allen zu Gebote stehenden gesetzlichen Mitteln für die dem Bedürfnisse des deutschen Volkes entsprechende politische Neugestaltung Deutschlands zu wirken. Sie kennen, auch insoweit sie lediglich und in erster Linie von der Sorge für die wirthschaft= lichen Interessen des Deutschen Volkes erfüllt sind, keine andere Hülfe, als in der Bundesreform.

Wir halten diesen Gedankengang für consequent, und stimmen mit den Vertretern dieser Ansichten vollkommen überein. Dieselben haben einen Ausdruck gefunden in jenem Beschlusse, welchen der deutsche volkswirthschaftliche Kongreß mit überwiegender Stimmenmehrheit am 9. Sept. v. J. zu Weimar faßte, und welcher in seiner freilich etwas geschraubten, weil auf einem Kompromiß beruhenden, Fassung folgendermaaßen lautet:

„Zur Vermeidung solcher handelspolitischer Krisen, wie die gegenwärtige, und zur Sicherung einer gedeihlichen Entwicklung unserer materiellen Verhältnisse ist die alsbaldige Errichtung einer gemeinsamen Centralbehörde und Volksvertretung auch für die volkswirthschaftlichen Angelegenheiten geboten."

Den Anderen scheint es unverantwortlich, daß die Zollvereinsreform verschoben werde, bis die Bundesreform möglich wird. Sie sind nicht minder überzeugt von der Nothwendigkeit einer solchen; aber je mehr sie es sind, je dringender rathen sie dazu, jedes Mittel zu ergreifen, welches diesem Ziele zuführen könne. Und sie sehen eine einseitige Reform der Zollvereinsverfassung auf bundesstaatlicher Basis nicht nur für möglich an, sondern sie erblicken in einem „Zollvereins = Parlament" auch die Vorstufe eines wirklichen Parlaments, in einer Centralgewalt für die Zollverwaltung die Vorstufe einer politischen Centralgewalt, und sie leben der Ueberzeugung, daß man sich nicht lange dabei genügen lassen könne, auf dieser Vorstufe zu verharren. Sie glauben, in der Sorge für die künftige Gestaltung unserer wirthschaftlichen Verhältnisse, daß der Zeitpunkt des Ablaufes der Zollvereinsverträge unbedingt für die Errichtung eines Neubaues wahrgenommen werden müsse, und, gleichmäßig beseelt von der Sorge für die künftige Gestaltung unserer politischen Verhältnisse, halten sie es für politisch, sich zunächst bei jenem Neubau, als dem sicher Erreichbaren zu begnügen, umsomehr, als derselbe unwiderstehlich zu Weiterem führen werde.

Es fragt sich nun, wie die Vertreter dieser Ansichten sich das Institut denken, welches dem Zollverein zu ersetzen bestimmt sein soll. Auf dem zweiten deutschen Handelstage zu München haben die desfallsigen Ansichten und Wünsche einen immerhin beachtenswerthen

Ausdruck gefunden. Die dort vom Ausschusse vorgelegten Vorschläge für eine Reform der Zollvereinsverfassung bilden, wenigstens in ihren Grundzügen, das Programm einer großen und einflußreichen Partei. Sie sind nicht vom politischen, sondern lediglich vom wirth= schaftlichen Interesse diktirt. Aber die Politiker, welche eine Bundes= reform auf dem Wege der Zollvereinsreform anstreben, werden gegen die Grundzüge des Hansemann=Hurtig'schen Programms nichts einzuwenden haben. Eine Kritik dieser Grundzüge scheint uns um deswillen hier wohl am Platze — und dies umsomehr, da der Handelstag mit 132 gegen 37 Stimmen beschlossen hat, die frag= lichen Vorschläge „den Zollvereinsregierungen zur schleunigen und eingehenden Erwägung zu empfehlen."

Selbstverständlich sollen die Vorschläge vor Allem darauf ge= richtet sein, die drei Haupthindernisse einer ersprießlichen Entwicklung des Zollvereins, das liberum veto, die Kündbarkeit der Verträge und die Kabinetspolitik zu beseitigen. Was zu dem Ende Noth thut, soll auf dem Vertragswege unter den Vereinsstaaten geregelt werden; die Vorschläge enthalten die Grundzüge dieser vertrags= mäßigen Regelung.

Wenn zwei Privatpersonen einen Vertrag mit einander schlie= ßen, so ist jede von beiden sicher, die andere, wonöthig unter An= rufung richterlicher Gewalt, zur Erfüllung der vertragsmäßigen Ver= bindlichkeiten zwingen zu können. Ein Zustand, in dem es an einer solchen Garantie fehlte, ist uns in civilisirten Staaten kaum mehr denkbar. Nach dem Plane sollen deutsche Bundesstaaten auf dem Vertragswege mit einander die wichtigsten Verbindlichkeiten eingehen — es fehlt aber jedem der Kontrahenten jede Gewähr, daß der andere die eingegangenen Verbindlichkeiten einhalten werde; es fehlt dem Ganzen die Autorität dem Einzelnen gegenüber. Man wird sagen: jene Gewähr und diese Autorität war auch bei den bisherigen Zoll= vereinsverträgen nicht vorhanden. Sehr richtig — aber in diesen Verträgen gehen auch die Befugnisse und Verpflichtungen der Kon= trahenten nicht über jene Grenzen hinaus, jenseits welcher zwischen souverainen Staaten Konflikte zu entstehen pflegen und entstehen müssen. Nach dem vorliegenden Plane sollen souveraine Staaten in

Tarif=, in Zollgesetzgebungs= und Verwaltungsfragen einer Majorität sich fügen. Wie — wenn Einer vertragsbrüchig würde, und sich einmal n i ch t fügte? Wo bliebe hier der Richter und wo der Executor? Schon die bisherigen Zollvereinsverträge begründeten unter den Kontrahenten eine Gemeinschaft, die zuvor in d e m Grade zwischen selbstständigen Staaten noch nirgends und niemals existirte. Daß die Formen dieser Gemeinschaft bis jetzt von einem Kündigungstermine bis zum andern nothdürftig aufrecht erhalten werden konnten, ist eines der stärksten Zeugnisse für die Macht des Einheitsbedürfnisses in unseren wirthschaftlichen Verhältnissen. Aber es wäre an ein Aufrechterhalten derselben trotz alledem nicht zu denken gewesen, wenn sie von den Vereinsgenossen das Opfer auch nur eines Titelchens Souverainetät gefordert hätten. Die „Vorschläge" wollen eine viel engere Gemeinschaft — sie sinnen dabei den Kontrahenten die Unterwerfung unter die Mehrheit an — und sie geben der Mehrheit keine Gewalt in die Hände, die Minderheit zur Unterwerfung zu zwingen. Eine Gemeinschaft, wie sie der Zollverein schuf, ist nur haltbar, wenn die vereinigten Staaten sich durch die Gemeinschaft in ihrer Souverainetät nirgends beschränkt fühlen — eine Gemeinschaft, wie sie die „Vorschläge" wollen, ist nur möglich in einem B u n d e s s t a a t e, wo es eine richterliche und eine Executivbehörde, wo es eine oberste Gewalt giebt.

Man wird diese „theoretischen" Bedenken gering schätzen, aber nicht darüber hinwegkommmen können; man wird, wenn man sie würdigt, nach Auskunftsmitteln suchen, aber dergleichen nicht finden können, ohne mitten in den Bundesstaat hineinzugerathen; man wird sie mit dem Hinweis darauf bekämpfen, daß ja das Gefühl für Recht und Unrecht ausgestorben sein, und das materielle Interesse für nichts mehr gehalten werden müsse, ehe an den Vertragsbruch eines der Kontrahenten des so konstruirten Zollvertrages gedacht werden könne — aber man wird die Möglichkeit eines solchen Vertragsbruches nicht hinwegleugnen, und nicht in Abrede stellen können, daß gegen eine solche Möglichkeit solide und materielle Garantieen geboten sein müssen.

Wir halten das Zustandekommen des deutschen Zollvereins=

staates auf dem Wege des völkerrechtlichen Vertrages nicht für mög=
lich. Sollten wir uns täuschen, sollte jener sonderbare Vertrag über
kurz oder lang doch zu Stande kommen: so würden wir die Letzten
sein, ihn nicht als eine Abschlagszahlung für annehmbar zu erklären;
aber auch dann noch würden wir nicht, daß der Vertrag zu Stande
gekommen, sondern daß er nothwendig die Brücke bilden müßte
zu einer anderweiten und naturgemäßeren Gestaltung unserer wirth=
schaftlichen Verhältnisse, zumeist zu schätzen wissen.

Zu den Zielen des neuen Vereins sollen unter Anderem „die
Beförderung und die Sicherheit der Interessen von
Handel und Industrie im Innern und in internatio=
nalen Verhältnissen" gehören. Sollen diese Interessen recht
gefördert und gesichert werden, so bedarf es einer Competenz der
obersten Gewalt (Direktorium und Repräsentantenversammlung), die
in alle möglichen Gebiete des Staatslebens, das Gebiet des Cultus
vielleicht einzig ausgenommen, eingreift. Was hat ein Zollbirektorium
und ein Zollparlament an sich mit der Handelsgesetzgebung, mit der
Organisation der Handelsgerichte, mit dem Eisenbahn=, Post= und
Telegraphenwesen, mit der Gewerbegesetzgebung u. s. w. zu thun?
Und doch — soll der ausgesprochene Zweck des neuen Zollvereins
auch nur annäherungsweise erfüllt werden — so gehören alle diese
Dinge in die Competenz seiner Regierung. Dann aber liegt die
Frage nahe: Warum der Umweg eines Zollbirectoriums und eines
Zollparlamentes, wo doch nichts Minderes erreicht werden soll, als
was man am allerbesten durch den Bundesstaat erreichen kann? Ein
Zollbirektorium an sich kann keine internationalen Verträge schließen,
keine Consulen anstellen, nicht Krieg erklären, noch Frieden schließen;
es hat keine Executivgewalt, weder für die innern, noch für die äußeren
Angelegenheiten. Nur politische Körperschaften werden völkerrechtlich
anerkannt — ein deutsches Zollbirektorium wird von Niemandem in
der Welt anerkannt. Soll das Direktorium mit internationalen
Handlungen immer eine der Vereinsregierungen, etwa die preußische,
betrauen, und fügen sich die übrigen Vereinsglieder in die permanente
oder zeitweilige Uebertragung ihres Rechtes der Vertretung nach
Außen auf diese eine Macht — so liegt die Frage nahe: bedurfte es

dazu, um eine einheitliche Vertretung der zum Zollverein verbundenen Staaten nach Außen zu schaffen, des Umwegs des neuen Zollbundes= staates? Und würde dieser Umweg eben so sicher zu dem erwünschten Ziele führen, als der Bundesstaat?

In der That — wir hegen starke und gegründete Bedenken gegen die Ausführbarkeit und die Zweckmäßigkeit eines solchen Zollbundes= staates; er scheint uns eine ganz widernatürliche, und in sich selbst die größten Widersprüche bergende Schöpfung.

Und doch — wie gesagt — werden die Freunde der einseitigen Zollvereinsreform kaum einen Plan zu konstruiren vermögen, der in seinen Grundlagen wesentlich von dem Hansemann=Hurtig'schen differirte *).

Die Zukunft des Zollvereins liegt vor uns dunkel und uner= forschlich, wie alles Zukünftige.

Unsere Wünsche lassen sich kurz zusammenfassen. Wir wünschen, daß der Zollverein in seiner jetzigen Form die laufende Ver= tragsperiode nicht überdauere, daß das Surrogat, als welches dieses völkerrechtliche Vertragsverhältniß sich darstellt, 1865 als überflüssig und nicht ausreichend möge bei Seite geschoben werden können; wir wünschen, daß die Anfänge einer großartigen wirthschaftlichen Ent= wicklung, welche unverkennbar eine Frucht der durch den Zollverein geschaffenen inneren Verkehrsfreiheit sind, unter zuverlässigeren Garan= tieen, als sie auf Zeit geschlossene völkerrechtliche Verträge bieten können, sich ungestört weiter entfalten mögen zum Segen des deutschen Volkes.

Jeder ist seines Glückes Schmied. Auch den Völkern fallen Macht und Wohlstand nicht ohne heiße Arbeit, fällt die Frucht nicht in den Schooß, ohne daß sie gesäet hätten.

Es steht uns noch viele und heiße Arbeit bevor, bis jenes Ziel erreicht sein wird; aber es wird erreicht werden. Die Geschichte unserer Tage zeigt uns, das das deutsche Volk sich sein Glück und seine Größe zu erarbeiten den fröhlichen Muth und die männliche Thatkraft hat.

---

*) Im Einzelnen freilich wird das Hansemann=Hurtig'sche Programm auch von den Theilnehmern an dem Münchener Beschlusse keineswegs allerseits gebil= ligt werden.

Inhalt.

Druck von Otto Wigand in Leipzig.